宝贝，我们再跑一段

王振中 著

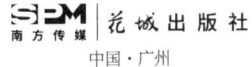

花城出版社
中国·广州

图书在版编目（CIP）数据

宝贝，我们再跑一段 / 王振中著. -- 广州：花城出版社, 2024. 11. -- ISBN 978-7-5749-0274-9

Ⅰ. G78

中国国家版本馆CIP数据核字第2024EM3644号

出 版 人：张　懿
责任编辑：李珊珊
责任校对：卢凯婷
技术编辑：林佳莹
封面设计：张年乔

书　　名	宝贝，我们再跑一段
	BAOBEI, WOMEN ZAI PAO YI DUAN
出版发行	花城出版社
	（广州市环市东路水荫路 11 号）
经　　销	全国新华书店
印　　刷	佛山市浩文彩色印刷有限公司
	（广东省佛山市南海区狮山科技工业园 A 区）
开　　本	787 毫米 ×1092 毫米　16 开
印　　张	18.5　1 插页
字　　数	230,000 字
版　　次	2024 年 11 月第 1 版　2024 年 11 月第 1 次印刷
定　　价	49.80 元

如发现印装质量问题，请直接与印刷厂联系调换。
购书热线：020-37604658　37602954
花城出版社网站：http://www.fcph.com.cn

如果你是父亲,你一定要读这本书。

如果你是母亲,你一定要与孩子的父亲一起读这本书。

目 录

序 言 \ 1

第一章 婴儿时期：激励情感，迈步人生

小小家园 \ 6

成长的快乐 \ 8

春天，我们的大自然 \ 11

搬了新家 \ 13

解放了自己 \ 16

会走路了 \ 18

第二章 幼儿时期：发现的快乐

小公园里，小小的寻找和收获 \ 22

爸爸，别人是不是我们 \ 26

宝贝，你自己一定能上来 \ 30

爸爸，一只奇怪的瓢虫 \ 34

小小的乐学者 \ 38

爸爸，这里有很奇怪的植物 \ 41

爸爸，这里有小蝌蚪 \ 44

第三章 幼儿园时期（一）：大自然的恩泽
进幼儿园了 \ 48
门后面的鞭子 \ 55
到大自然去 \ 58
快乐的植物园 \ 60
昆虫世界的乐趣 \ 63

第四章 幼儿园时期（二）：体能、情感与梦想
宝贝，我们再跑一段 \ 74
爸爸，我看见一只火球 \ 78
大海，我爱你 \ 82
学了一种本领 \ 85
叶子与号角 \ 91
蒲公英的梦想 \ 95

第五章 幼儿园时期（三）：理性的激励和发展
打水漂的道理 \ 100
记忆游戏 \ 104
倒霉的大灰狼 \ 108
劳动观念 \ 113
含羞草的秘密 \ 118
有趣的鸟儿 \ 124
爸爸，我只是不乱花钱 \ 126

第六章 小学时期：养成学习的兴趣和习惯

上小学了 \ 132

家长会的意义 \ 135

让作业有趣 \ 137

又学会了一种本领 \ 140

七十八分的数学试卷 \ 152

成绩和效率问题 \ 157

数学的乐趣 \ 159

数学的启迪 \ 165

打破套路 \ 172

乘车兜风的奖励 \ 175

手机，手机 \ 178

仙剑情愫 \ 182

电脑和音乐播放器 \ 187

奥数学习 \ 190

文学少年 \ 193

第七章 初中阶段：增强理性和思维逻辑

增强理性 \ 198

奥数的理性 \ 202

学习，从整体到局部 \ 208

改进注意力 \ 211

怎样分析试卷 \ 217

体育，体育成绩 \ 220

最像学校的迷宫 \ 223

第八章 高中的学习：怎样攻克难点
无缘考实验班 \ 228
周末的乘客和车上的游戏 \ 231
快速提高英语成绩 \ 237
建立物理思维 \ 241
一步一步地进步 \ 246

第九章 大学，努力向前
意料之外的海外奖学金 \ 252
努力向前 \ 258

后 记 \ 260

女儿的话——在爸爸的陪伴下成长　王西蕾　\ 261

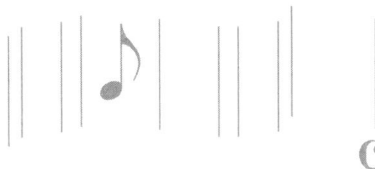

序 言

写这本书,缘于老作家王向彤先生的建议。这位深圳市作家协会前副主席熟悉我的父母和家庭情况。他认为我一个少年失学的放牛娃,在穷乡僻壤长大,最终能获得英国文化委员会的全额奖学金进入剑桥大学,以及我们把孩子也培养成国外全额奖学金得主和斯坦福大学的优秀毕业生,应该不是巧合,其中一定会有值得人们参考的经验和体会。他希望我能写一本既具文学性而又带有教育意义的书。

孩子是家庭的未来,孩子的教育对一个家庭来说,其重要性和意义是不言而喻的。同时,我们也知道,家庭是儿童的第一课堂,父母是孩子的第一任老师,在学校里,一个学生的学习状况如何,其大部分原因都来自家庭的影响。

每个人出生的时候,都是真正的白纸一张。然而,就是这样的千万张白纸,经过若干年之后,却成了千差万别的社会人。拿学校学习来说,一大群同龄的孩子,同一个年度出生,同一个年龄进入幼儿园,同一个年度入读小学,到高考时却产生了巨大的差异,有的人考进北大清华,进世界名校,而大部分人只能进入一所普普通通的大学,甚至也有一些人,竭尽全力,也没有获得进入高等学校学习的机会。

这样的差异从哪里来?是什么因素让同龄的一批人成了智力、能力知识文化都相差极大的人群？其中的原因，归根结底，就是每个人的学习能力的差异。

人与人产生差异的根本原因，就在于学习能力的差异，是学习能力把每一个人与他身边的人区别开来。

学习能力，对许多人来说，可能都只是一个模糊的笼统的概念，甚至对许多从事教育事业的教师来说，其理解也是模糊的，不清晰的，不深入的。

正因为对学习能力认识的模糊，绝大多数人对子女（学生）学习方面的指导和培养，也是没有针对性，没有系统性，不到位的。这就造成许多人的学习潜力没有发挥出来，许多好材料没有得到应有的锤炼。不但如此，甚至还有许多好苗子在父母、教师的胡乱培养下被生生损毁。

作者个人在自我学习过程中的认识和总结，以及多年在教师岗位上的体会告诉我，学习能力至少包括三个层面的内容，基本学习能力、心理调控能力和学习方法。其中，基本学习能力是最重要的，学习方法的作用则排在最后。

以一个浅显的例子来说明一下。例如挑担，有一百斤力量的人，可以挑一百斤的担子，有二百斤力的人，最重可以挑到二百斤，这就是基本能力的含义。延伸一下，如果你只有一百斤体力，你挑九十斤的担子就比较吃力了，但如果你的体力是二百斤，挑同样重量的担子就非常轻松。这个力量的大小，是由你身体的骨骼、肌肉、关节等因素综合决定的。基本学习能力也是如此，一个人的基本学习能力越强，学习就越轻松。这个能力的高低，由执行学习过程的智力因素如记忆力、观察力、思维力、想象力和注意力的水平综合决定。

但是，你有那样的力量，能不能挑起相应重量的担子，还取决于你的心理因素。愿意不愿意挑担？肯不肯出力？勤快还是懒惰？有没有坚持的毅力？这些心理因素会影响你能挑多重的担子，以及挑着担子能走多远。并且，人的体力是用进废退的，肯用力的人体力会越来越大，不肯出力的人体力会越来越小。一个人的基本学习能力，也与此相似，学习能力强的人会因学习的得心应手而越来越强，能力弱的人会因学习上的畏难和打击而越来越弱。爱思考的大脑会越用越灵。从这个方面来说，心理状况的潜在影响，是相当深远，直至影响一生的。

因此，要让孩子学习成绩好，可以胜任由小学到大学甚至更高层次的学习，就需要使其具有优秀的学习能力。而其中，基本学习能力和良好的心理调控能力是最重要的。

不少人想效仿优秀生一样学习，想立竿见影改变学习的被动局面，许多家长还花大量的钱雇请家教一对一指导学生的学习，结果都是收效甚微，甚至一无所获。这样的结果是可以预料的，因为学习方法是学习能力的第三个层面的问题，对整体影响不大。没有良好的基本学习能力和心理调控能力做基础，效仿学习方法就是舍本求末，无论怎样效仿都不会有太大的作用。就如你只有五十斤的体力，想模仿别人挑担的样子去挑起一百斤，无论怎样模仿都是挑不起的。如果你真想挑起那个担子，有效的方法就是去锻炼体力，体力提高了，你自然就可以把那个担子挑起来。

本书记录的，是一位父亲陪伴女儿成长的一些生活片段，是围绕着培养和提高学习能力诸方面因素的事件的叙述。这些日常实际生活的一个个侧面，有些是直接作用于学习能力的，有些则是通过日常生活琐事进行的长期的心理培养。在这样的琐事中，大人的一言一行，慢慢地激励着孩子学习能力的提高。

另外，在这里想提一下的是，学习能力的培养，是一个长时间的渐进过程，是要从婴孩时期就开始的过程，是要根据孩子年龄的增长循序渐进的，不要希望可以在某一天一蹴而就。

同时，还需要指出，这里写的只是父亲与孩子的故事，是从作者个人的角度去回忆和写作的，这是父亲角色的描写。需要强调的是，父母双方对孩子的成长都是十分重要的，父母两人的世界观和教育观都在协同地起着作用，影响着孩子的成长，他们各自在教育上付出的力量，在方向上一致，才会有更大的合力。

学习能力是人类诸能力中最基础和最重要的能力因素，它不只影响一个人在学校的学习，还持续影响一个人一生的成长。早在二十多年前，联合国教科文组织的国际21世纪教育委员会就明确告诉人们："未来唯一持久的优势，就是有能力比你的竞争对手学习得更好。"在知识迅速更新换代，职场竞争越来越激烈的今天，一个人的学习能力，比之前的任何年代都显得更为重要。

如果你在阅读本书时，有些内容不太理解，请阅读作者的相关书籍和文章。

愿你在本书的阅读中得到启发，愿你在培养孩子方面获得理想的收获，愿你的孩子有越来越强的学习能力，成为国家和社会的栋梁之材！

王振中

2022年11月于广州天河

第一章

婴儿时期：激励情感，迈步人生

小小家园

女儿出生后第五天,他们便从医院回了家。

他们住在校园一个小山坡的最上一排宿舍。两层的小楼,他们住在一楼。屋子是一个只有二十多平方米的小套间,进门是客厅,右侧是卧室,客厅后面开了个门,通向小厨房和卫生间。

这是学校特意新建的博士楼,供几个具有博士学位的年轻教师居住。那时高校教师住房十分紧张,青年教师都住在单身宿舍或集体宿舍。

房子的正门外,是一个小园子。早两年从单身宿舍搬过来的时候,他清理了屋子前面的建筑垃圾,平整了园子,种了一圈植物。现在那些植物已经长得很好,经过几次修剪,已经成了一圈一米多高有模有样的篱笆墙。

篱笆墙内,他用竹子搭了几个架子,准备用来晾晒孩子的衣物。那些竹子是在附近农村买的,很坚硬。

他们前面的几排房屋都是五六十年代建的平房。他们这一栋的地面比前面的平房高了一截,距离也比较远。因而,从早晨到傍晚,园子里都阳光灿烂。孩子的衣物,搭在晒衣架上,三四个钟头就可以晒干。

房子的右侧有一条路通向屋后的小山顶。小山顶上有一个凉亭,凉亭周围竹木成林，蝉鸣鸟唱，蝶飞雀跃，和风宜人，空气清新。

孩子满月之后，一旦哭闹，他就抱着她绕到屋后，走上这个小凉亭。孩子很喜欢凉亭周围的环境，不时地转着眼睛四处张望，打量爸爸告诉她的每一株植物，每一种小鸟和昆虫，很快就不再哭闹，慢慢安静。

心理学实验表明，大自然的信息对人的心智具有特别的滋养作用，不但可以安抚人的情绪，还可以有效唤醒复杂的人类智慧系统的发育。所以，儿童教育专家一直不厌其烦地告知人们，要让孩子到大自然去，在大自然的滋养中成长。

大自然对儿童心智的成长，具有难以评估的作用力。

成长的快乐

醒着的时候,孩子总是瞪着黑珠珠的眼睛到处观看,或者把小手举在眼前,手指随意地活动着,小嘴会发着咿咿呀呀的声音,玩得兴致高涨。经常,不知道为什么她就兴高采烈起来,小手快速地左右摆动,小脚轮换着一蹬一蹬的,似是向前奔跑的样子。

爸爸在旁边逗着她,感觉着她每一个细胞的雀跃,贴近跟她说话,哼着她还听不明白的歌,内心充满快乐。

常常,他握着双手,把两个食指伸在孩子的面前,让她用小手握住。他双手轻轻地转着圈儿,弯下腰贴近与她说话。她就会高兴得更加雀跃了,双脚狂蹬,双手紧紧地握着爸爸的手指,小嘴急急忙忙地动着,似乎想向爸爸说话,小脸上的每一寸肌肤,都绽放着满满的快乐。

从出生开始,婴儿的观察力就开始发展了。通过触觉、视觉和听觉等方面的综合刺激,会有效地促进孩子的观察力的发展。

观察力是人的基本学习能力的重要组成部分,研究认为,人的知识,百分之九十以上来源于观察。

带孩子的时候,要注重对孩子的感官的激励。爱抚,拥抱,说话,唱儿歌,让孩子观看周围的事物和各种各样的植物的叶子颜色,听大自然形形色色的声音,等等,都可以有效地增强他们的感官的敏锐性,增进他们的观察力、记忆力和语言模仿能力。

女儿会笑了，会翻身了，会叫爸爸了……

女儿的每一个进步，都给他带来巨大的欢乐。

在女儿还不会爬的时候，他们都是让她躺在床上，再去忙家务。某一天，从厨房走回房间，发现床上趴着一个孩子，别提有多惊喜！

——女儿会翻身了！

女儿趴在床上，咧着嘴笑，为自己的进步快乐，乐得口水都晶亮亮地流了出来！

他们说她："会做小狗狗了！"

之后不久，女儿开始在床上手脚并用地爬。

女儿会爬之后，他们启用了一个婴儿安全卡椅。安全卡椅是一种很普通的婴儿竹器，竹子做的，长形，有脚，两层。上层是座位，下层是放脚的平层。座位上方，胸前的位置，有一道可以前后调节的活动横栏，横栏中部有一道穿过卡椅前端横竹的垂直的拉杆，上有几个插孔和竹片插销，可以根据需要调整和固定横栏的位置。

他们忙的时候，就让她坐在安全卡椅里。他拉开拉杆，把女儿放进卡椅，对她说："宝贝你乖乖坐在这里，爸爸要做事了。"然后，他插上插销，在她的头顶上轻吻一下，就忙事去了。

卡椅放在客厅里，孩子总能看着他们来来去去地忙。

需要抱她出来的时候，他走过来，说："宝贝，爸爸抱你出来。"然后拔去插销，拉开拉杆，把她抱出。

大多数时候，孩子都很配合，自己坐在卡椅里，拨弄挂在她身前和左左右右的玩具，自顾自地玩耍。那些颜色鲜艳和有声音的玩具，总能吸引她的注意，引起她的兴趣。

差不多六个月大的时候，他正逗着她玩，她突然就绷着小嘴，叫出了"爸爸"两个音节。

他非常高兴，把孩子抱起来，紧紧地贴着自己的脸庞，大声宣布："我的小小小小的女儿会叫爸爸了！"

"妈妈"——那两个带鼻音的音节，她在一个多月之后也学会了。

对于孩子的每一点进步，他都感到快乐非常。他常常会抱着她，贴近她的小脸，对她说：我的好孩子，我的小宝贝，你又进步了，你会翻身了/你会爬了/你会叫爸爸了/你会叫妈妈了，爸爸多么高兴啊！

每当这个时候，她也如听懂爸爸的话一样，小手小脚都会舞动起来，表达着她的高度的快乐。

他相信孩子一定听得懂他的话。她知道爸爸会为她的每一点进步高兴，她也会努力让爸爸高兴！

孩子是按父母的期待成长的，在教育学中，这叫期待效应，也叫皮格马利翁效应。

他知道，她是他的好孩子，他对她的每一分期待，都会给她一份向前的激励，她因此而努力向前。而她的每一点进步，又可以进一步激发他的期待和爱。

这是爱的相互催化。这样的情感对孩子的进步，有着不可低估的作用。亲子教育之所以比学校教育有更积极的意义，就是因为父母与孩子间有着更真更无私的爱。在充盈着爱的氛围里，可能还存在着一些目前仍然无法知晓的信息应答通道。

春天，我们的大自然

春天，植物绽发新枝的时候，屋子前面的篱笆，屋后山坡上的植物，都绽发了种种红色的、绿色的新枝新叶。他一手抱着女儿，一手摆动那些新梢新叶，告诉她：是春天了，小树小草都在生长了，很快就会有许多小花，很快就会有许多小果，很快就会有许多昆虫蝴蝶，来跟我们一起玩了。

她似乎很喜欢那些色彩斑斓的叶子，眼里充满着好奇，咿咿呀呀地说着快乐的声音。

他经常拿着她的小手去触摸那些嫩嫩的新叶，让她贴近感觉这新生的春天的世界。

小时候，他们家屋子后面有几片小树林，小灌木特别多。他经常跑到这些树林子里，看大大小小的叶子，看各种各样的昆虫，玩得兴趣盎然。

他一直都喜欢用手指去触摸新嫩的叶子。手指接触到那些新叶的时候，他就感觉到有一种纯粹的愉悦，通过手部的皮肤透进内心，让肌体和大脑获得轻松。

他相信每个人都会有这样的感触大自然的感受器。他看得出，在这些树林灌木的环境里，女儿显得很愉悦，眼睛随着他的手，贪婪地看着那些新奇的叶子，对这些美丽的叶子应接不暇，小手小脚快乐地雀跃。她的眼睛里闪动着新奇的神色，想把整个多彩的世界一齐摄入眼底。

他相信女儿也会是一个大自然的喜爱者，会像爸爸一样，在这自然的恩赐中，获得纯粹的快乐和心灵的纯净。

从这小屋旁的篱笆墙和小园地开始，他要领着她，走进奇妙的大自然，让她去观察，去感触，去领会大自然的美妙，去体会那些蕴藏在大自然美妙里的神采。

这美妙的大自然，会让她在观察和体会中，获得快乐，获得成长，获得认知和智慧。

观察，是人们认识世界的触角，是人的内心通向世界的桥梁。

搬了新家

孩子八个多月大的时候,他们分到了新的宿舍,在学校的另一个宿舍区,别人住了四年的旧房。

他花了几天时间,把屋里的电线按自己的想法改了一遍,粉了石灰油。常常,他是带着孩子去做这些事的,让她先熟悉一下这间屋子。同时,带着她,也可以让她妈妈能腾出手来做别的家务。因为家里没有人可以过来帮忙带孩子,妈妈请了一年的产假。

在新宿舍里,他还是让女儿坐在儿童安全卡椅里,玩着些有声的、颜色鲜艳的玩具,看着他在房子里忙活。

他对她说:"宝贝,这是我们的新房子,我们就要搬过来住了。"

他习惯性地喜欢跟女儿说话,他相信女儿可以通过某些特别的感知渠道明白他的意思,甚至还能明白他内心的想法。他一直相信孩子有某种特别的理解力,"有读心术",可以与他们父母的内心世界相通。

新宿舍在三楼,两室一厅,一厨,一卫,还有南北两个阳台,比旧宿舍大了不少。房子在半山坡上,紧靠山坡一条南北方向的道路,阳光充裕,空气通畅。

南边的阳台有三四米长,主要用来晾晒衣服,北边的阳台小一些,用来放置杂物。

厨房也比原来的厨房大了不少，并且还有一个很大的蓄水池，可以贮存足够一天的用水。那个时候，自来水和电的供应都不正常，经常三天两头停水停电。有了个蓄水池，就不需要在停水的时候到远处运水了。

新房距离老房五六百米，搬家的时候他借了一台手扶拖拉机，准备来回几次，把东西搬过来。

家里东西并不多，一张床，一副床板，一个衣柜，两张书桌，一张可以折叠的简单餐桌，两个简易书架，一个小冰箱，一台洗衣机，四张凳子，一个铁锅，一个煤炉，几个铝锅，一些碗碗碟碟和许多的书。

女儿出生之前，他兼做一个本科班的班主任。经常，晚上九点多钟之后，他会到学生宿舍去，与同学们一起活动一会儿，跟学生们的关系很融洽。

虽然他的那个班毕业了，但因为经常到学生宿舍的缘故，后两个年级的学生依然跟他关系很好。

搬家的时候，他告诉了几位男生，请他们来帮一会儿忙。

没想到，同学们听说他们要搬家，都主动前来帮忙。一下子来了六七十位学生，本专业三、四年级的学生来了一大半。

几十位同学鱼贯而入又鱼贯而出，每个人都提走一些东西，屋里的书籍和物品，很快就空了。

见那么多人来拿他们的东西，孩子可能有点紧张，时不时呜呜地哭一下。爸爸安慰她："不要怕，哥哥姐姐们是来帮我们搬家的，我们就要搬到新的房子住了。"但她仍然弄不明白，依然会细细地哭一两声。

他安慰着女儿，抱着她跟大队人马一起去新房子。

路上，见到搬东西的哥哥姐姐们都在她的前后一起走，还用各种手势跟她打招呼，孩子止住了哭声。她转着小脑袋，前前后后打量着这些拿着东西的人，神态严肃，似乎在努力思考着一些什么问题。

进了新房子，看到东西都堆放在这间他们已经熟悉了的屋子里，她大概明白了爸爸所说的哥哥姐姐们帮忙搬家的意思。她恢复了平时的天真和快乐的神态，大张着眼睛，一个个地看着那些向她招手逗乐的哥哥姐姐，不时地弓着双臂，小手上上下下地摆动一会儿，大概是想为她的误会表示歉意。

他与女儿轻轻地印了一下额头。他真的没有想到，一个八个多月大的孩子，会有了家和家里的东西这样的概念。

除了衣柜、洗衣机和冰箱，所有的东西都让这些学生一次性轻轻松松地拿过来了。学生们本想把那几件也抬来的，但被他劝住了，那几件东西有些重，并且，手扶拖拉机很快就会过来。于是，就有些学生空手走了一趟，更多的只是拿了几本书。

搬进了新房子，又遇到了新的问题。那就是那张安全卡椅已经不能限制孩子了。这是他在搬家前发现的新情况。

解放了自己

那天,他正在墙上固定一支日光灯座,低头却看到孩子站在卡椅里笑。那道有着垂直拉杆的横栏被她推开了。固定拉杆的那根竹片插销,不知道什么时候让孩子拔出来了!

没有了插销,卡椅的拉杆就松动了。孩子推开了横栏,站在卡椅里,张开双手,看着他笑。

他赶快从A字梯上下来,扶住她。站着的时候重心太高,活动范围太大,他怕她会连卡椅一起摔倒。

此前一两天,在家里,他也曾发现她站在卡椅里。他以为是她妈妈放她进去的时候,疏忽大意忘记了插上插销,没有太多思考,只是强调一定不要忘记插上插销。

但是今天,他却是可以肯定,插销是已经插好了的。这样重要的事情,他绝对不会忘记。

他让孩子重新坐好,调好拉杆,再插上插销。

像往常一样,他一边插插销,一边对她说:"爸爸要你乖乖坐在这里,爸爸要做事。"

然后,他重新爬上A字梯,一边继续固定日光灯座,一边注意观察她的动静。

他看见她侧了身子，右手用力前伸，用拇指和食指捏着那根插销，一点点地向上拔。她拔得很慢，但她神情专注、坚持不懈、心无旁骛地一点点地拔那根竹片——那个限制了她的自由的机关。

终于，她把它拔出来了！她推开横栏，站了起来。她弓着双臂，小手上上下下摆动，看着爸爸笑。

他赶快从梯子上走下来，把她抱起。他贴近她的小脸，拿起她的小手，一遍遍地亲吻——那只为"解放事业"付出了辛勤劳动的小手。

——宝贝，你破解了限制，解放了你自己！你一定是看见我们插上那根插销能把你卡住，取出那根插销就可以把你抱出来的过程之后，明白了那根粗竹片的意义所在。然后，凭着自己的努力，把自己解放了！

他真的非常高兴！小宝贝这么小就懂得了观察，居然还懂得分析！懂得了凭自己的努力获得自由。

他非常快乐，女儿又有了一个进步。并且，更重要的是，她居然能自己解决问题。

父母在带孩子的时候，经常对孩子说话，告诉孩子自己的做法和想法，会有利于孩子的智力潜能的发展。比如："宝贝，爸爸要把你放在这个椅子里，爸爸要去做事了！""宝贝，等爸爸拔开这个插销，把你抱出来。""爸爸带你去小公园看漂亮的植物。"可以激发孩子的思考潜能，因为这里存在着一定的时序关系和前后因果。

研究认为，婴儿出生的时候，大脑处于初始状态，这个时候开始，要给他们的大脑进行信息激励，这样的激励越全面，信息饱和性越高，就越有利于智力网络的形成，越有利于智力的发展。

会走路了

安全卡椅显然不安全了。搬家后他立即就到竹器市场买回了一张笼床,作为孩子一个人玩时的活动场所。虽然只有一米多长、几十厘米的宽度,但对一个几个月大的孩子来说,并不显得太小,里面放些玩具,既可以坐在里面玩,也可以站起来,拿着玩具玩。

站着的时候,孩子常常会用嘴含着最上面的横竹,来回滑动,口中还发出"哇哇哇哇"的声音。

妈妈说她在吹口琴。她每天都用酒精擦洗那些横竹,以保证笼床的干净卫生。

这张笼床很合适他们屋子的格局。屋子门口朝东,进门是一个不大的客厅,南墙西头并排开着两个紧靠的房门,那个角落的西墙也开着一扇门,通向厨房和厕所。

如果他们只在两个房间和客厅活动,笼床就放在两个房门之间。孩子在笼床里前后移动位置,就可以对着任何一个房间。

如果他们在厨房煮饭,就把笼床移到客厅的西南墙角。无论是在厨房还是在客厅,或者偶尔走进大房间,孩子都可以移动位置对着他们。

常常,在笼床里,孩子就抓着那些横向和竖向的竹子,站起坐下,随着爸妈的走动来来回回地改变位置。

孩子的频频移动对站立和行走可能有帮助,她很快就学会了走路。

发现孩子会走路,是在孩子刚满11个月的时候。

那天中午,他把孩子放在客厅里,给她喂饭。

孩子扶着沙发边上的小茶几,站着吃饭。每吃一口,孩子都会扶着小茶几和沙发,悄悄地换一个位置,跟爸爸逗乐。

每次,爸爸都"非常惊讶"地发现她移动了地方,然后大惊小怪地跟上去,给她喂饭。之后,他再看一会儿窗外,让她有机会溜向另一个地方。

突然,他低头喂饭时,却惊讶地发现孩子站在客厅门边上,扶着冰箱站着。

从茶几到冰箱,中间没有可以扶的东西啊!

他不能确定孩子是走过去还是爬过去的。他不动声色,用汤匙装了一口饭,放低到孩子可以吃到的位置。然后,他假装闭上眼睛,说:"看看是不是一只小鸟来吃这一口饭!"

这是他们喂饭的时候常常玩的游戏。孩子会高兴地凑近来吃饭,然后他假装才看到她,惊讶地说:"原来不是小鸟,是我的小小的女儿吃了!"她就会很高兴,因为让爸爸有"出乎意料"的感觉。

女儿果然上当了。他看到她转过身,迈动小脚,不动声色地悄悄走过来。

一步、二步、三步、四步、五步……她走到了小茶几旁,扶着站稳,然后伸过头来,想偷偷吃那一口饭。

确信她真的会走路了。他把饭放回碗里,放下碗,把孩子抱起,用脸蹭着她,大声宣布:"我的小小小小的女儿会走路了!"

吃过饭,他抱着她下了楼,到楼下宽平的水泥路上,与她一起学走路。

修马路时，路面上留着一道道的分隔，10米一截。他想看看孩子一次能走多远。

她用力握着拳头，小手向外伸直，一步、一步、一步，像一个走钢丝的杂技员。她的小小的脸上写满认真和快乐。

他蹲在道路的前方，鼓励她向前迈步。她在他的鼓励和赞扬声中，一步一步向他走近。

他慢慢后退着，保持着与孩子的距离。

一天，两天，三天……

十米，二十米，三十米……

有几次，她几乎摔倒了，但还是稳住了重心，重新站定开走。有几次，她没有稳住重心，在几乎跌倒的时候，让爸爸双手扶住了。

孩子表现得很坚强，即使摔倒了，也不会哭。因为她挑战着自己并获得成功，获得爸爸的赞扬。

他握着拳头，在她的面前鼓励她："勇敢，我的宝贝，勇敢前进！"

很快，她就走得很稳了，一口气走上五六十米，稳稳当当。

于是，她握着爸爸的食指，在小区和校园到处走路，就成了每天的风景。

第二章

幼儿时期：发现的快乐

小公园里，小小的寻找和收获

孩子一岁多之后，需要晾晒的衣物少了，他们便在南阳台的一端种植一些株型矮小的植物。

他拆了几个包装箱，用木条在南阳台西端钉了个两级台阶的木架子，用来放花盆。

他们用空奶罐做花盆。孩子用过的奶罐大都还留着，正好派上用场。

他用锥子在空奶罐的底部打了几个不大的孔，带着女儿到房子对面山坡的林地装上了土壤。

他们在山坡上挖了一些不同种类的兰草、野菊和蕨类植物，以及一些长得很矮小的小小灌木，还用一个空罐播种了些豆子，把阳台的一端种成了一个小小的植物世界。

他带着女儿一起洒水，一起松土，一起拔去一些"乱长起来"的小草，一起看小豆子一天天长大，一天天变着模样。

小小的她，很喜欢这一个小小的植物世界，经常会跟爸爸一起过来观看，有时也自己一个人跑过来看植物，也学着用小小的手指去拔除一些小杂草。她还会拉爸爸看她发现的一些"新奇"的东西。

小区的山顶上，有一个小公园。搬新家之后，他们就告别了那个有许多植物围绕的小亭子，改在这个小公园活动。初来时，她还不会走路，由爸爸抱着在园子里转悠。她学会走路之后，爸爸就任由她在公园里自由玩耍，自己跟在她的后面，陪着她。

小公园设计得很精致，边缘有植物围篱，内里有曲曲弯弯的小径，有一丛丛修剪成球形的花草和灌木丛。桂花、茶花、鸡蛋花、扶桑花、水仙、百合、菊花，色色种种，虽然种植规模都不大，但都小巧别致，长势旺盛。围篱和园内的许多小灌木，都修剪得特别矮，似乎是专为住宅区内的小朋友们设计的。

公园内的各种植物，一小方一小方地种着，有的甚至就只是一丛，种在小径转弯的角落，或者是在分割成一小块一小块的空地上。公园某一处小小的角落里，总会有些花儿静静地开放，等待他们去寻找，去发现，去发出小小的欢呼。

他们会在一段围篱，一丛灌木，或者一片花草前停下来，去观察那些叶子，那些花朵，那些分枝别致的枝条……

他告诉她什么是枝条、什么是叶片、什么是叶柄、什么是叶脉，哪些是花、哪些是果……

他告诉她这枝条是长长的，花瓣是软软的，小果果有点硬……

他见到什么，就跟她讲什么。

他相信告诉女儿这些植物器官和它们的名称，可以让她的观察更仔细。而细节的观察对促进观察力的全面发展，是相当重要的。

这样跟婴幼儿的词汇输入，不是要他们学会这些知识，而是通过这样的感觉器官的综合刺激，促进智力的发展，也激发儿童对身边各种事物的更广泛的兴趣。

他要她轻轻地爱抚那些植物。

他对女儿说："宝贝，用小手儿轻轻地摸摸它们！"

她伸出小小的手儿，学爸爸的样子，并拢着手指，在那些叶子，那些花儿的表面，轻轻碰触，慢慢地、轻轻地碰触。

他说："宝贝，这小花花，太漂亮了！"

她跟着说："爸爸，小花花，太漂亮了！"

于是，那些花儿在他们的赞美声中，似乎就蓦地亮丽了许多，亮丽得灼热了他们的眼眸。

他们的手慢慢地抚过那些花花叶叶，他们一起仔仔细细地"谈论"它们的分枝，它们的形状，它们的颜色，以及一条条脉络的走向。

他对她说："这是菊花，这菊花上面的，这些长长的一条条，是花瓣儿。"

她说："爸爸，这是花瓣儿，长长的花瓣儿。"

他对她说："这红色的花朵是大红花，这是它长长的花蕊，花蕊上这些黄色的，是花粉。"

她说："爸爸，这是大红花，这是花粉。"

他对她说："宝贝，这是茉莉，轻轻地闻一下，它很香的。"

她轻轻地闻了闻，说："爸爸，很香的。"

他轻轻地告诉她，她轻轻地重复。

他们看了许许多多的植物，他们回家。

爸爸说："宝贝，我们看了很多植物，我们很快乐！"

她重复着爸爸的话，说："爸爸，我们看植物，我们很快乐！"

公园里的植物在蓬勃地成长，孩子也在一天天长大，知道的东西越来越多。

每天，她迈着小小的脚步在小公园里沿着弯弯的小径到处寻找，告诉他:"爸爸,这里有小花花!"

每天,她迈着小小的脚步在小公园里沿着弯弯的小径到处寻找,告诉他:"爸爸,这里有小果果!"

爸爸屈弯着脚,屈弯着腰,紧紧地跟随着她的脚步,与她同享她的小小的发现里绽放出来的快乐。然后,他们还会在她的所有这些发现里,"惊喜"地发现一些新的内容:旁边新长出来的小花蕾,不同颜色的小条纹,新结出来的小果实,或者,旁边新萌发的一株小草……

他们总有许多新发现的快乐。

每一天,她都迈着小小的脚步在小公园里沿着弯弯的小径到处寻找,每一个小小的步伐,都充满着期待,充满着在这个小小的世界里发现奥妙的期待。然后,在所有小小的发现中,他们发出欢呼,获得快乐。

孩子在观察、在寻找、在发现。每一个小小的发现,都可以激励出小小的成功感。于是她知道,人生就是一次次的寻找,一次次的发现,而每一次的寻找和发现,都是一种收获、一种成功、一种快乐。

一个人的情感世界,就可以在这样的观察和发现中得到陶冶。她在这小小公园里看到的每一朵小花,触摸到的每一片叶子,都会通过视觉、听觉、嗅觉和触觉,变成无形的气质和精神财富,积累在她的精神世界里。

观察力在成长。观察习惯和成就动机,也在这样的寻找和发现中,得以诞生,得以生长。这对孩子的一生,将是一笔巨大的智力和心理财富。

这智力和理性的细芽,将会随着孩子的成长而成长,支撑她的心智,让她在人生的竞走途中,有赶超他人的力量。

爸爸，别人是不是我们

发现女儿会逻辑地思考，是在她两岁多的时候。因为说话比较早，1岁多她就可以说出许多词汇，可以比较清楚地表达简单的意思。

在外婆家，一天中午，舅母戴上一双厚胶手套，准备搞卫生。

舅母举起手，叫了她的小名，问她："这是什么？"

她看着舅母手上的手套，静静的，没有说话。但看得出，她在思考。

他静静地等待着，看看女儿怎样回答舅母的问题。他们家没有这样的东西，孩子应该是第一次见到。大多时候，许多家长都急着给孩子各种提示，但他并不急着那样做，因为那样会妨碍孩子的思考过程。

想了几秒钟，孩子轻轻回答："手鞋。"

他非常高兴，这比她回答"手套"更让他高兴！因为"手套"可能是别人告诉过她的，但"手鞋"显然就是孩子的创造了。

他把孩子抱起，高高举起，大声说："哎呀，我小小的女儿会类推了啊！"

孩子显然是把手上的厚胶手套与塑料鞋子归成一类了。穿在脚上的叫鞋子，戴在手上的，她就觉得应该是"手鞋"了。但是，她没有接触过这样的名词，觉得有些没有把握，所以她的回答是轻轻的，有点怯生生。

这肯定与早期坚持利用各种概念词汇和它们对应的物品对孩子进行感官刺激有关，她早早就具有了物品概念和归类的概念。

概念对大脑发育的刺激是非常有意义的，因为这样可以让孩子早早开始思考。

爱思考是一种宝贵的性格因素。哲学家罗素曾说："许多人宁愿死也不愿意思考，事实上他们也确实至死都没有思考。"因此，如果一个人喜欢思考，就有超越他人的可能。

一天，他用自行车载着孩子回实验室。他很享受这样用自行车载着孩子出行的方式，孩子坐在车梁架着的小藤椅上，脑袋紧紧靠着他的胸前，有贴心贴肝的感觉。只要他稍稍倾一下身子，下巴就可以触到孩子的头顶。

路上，孩子突然说："爸爸，我有个问题。"

爸爸问："嗯？宝贝，有什么问题呢？"

孩子很认真地问："爸爸，别人是不是我们？"

这太出乎他的意料了！一个两岁多的孩子，居然注意到这两个没有固定界限的代词在不同的语境里会有不同的范围了。

显然孩子注意到，有时他们说"我们"的时候，可能包括了某位在场的叔叔阿姨，但在另一个场合，那人却不在"我们"的范围里。

她大概在旁边听到了，发现某位叔叔阿姨，有时是"我们"，有时又是"别人"。她可能思考了很长时间了，想不明白，便问爸爸。

这是一个很不容易说清楚的问题啊！一向他都觉得自己是很能回答问题的，每一次的试卷都回答得很漂亮，但是，面对她的这个问题，竟不知道如何组织词语了。

面对一个两岁多的孩子,这个跟时间和空间范围有关的代词他怎样解释得清楚啊!

想了一想,他下了自行车,一手扶着车把,一手扶着车座。他一边慢慢推着车子走,一边对她说:"'我们'这个词,它包括的人是不固定的,在不同的时候,就会包括不同的人。"

见女儿正定定地看着他,他停止了行走。他一只手扶着车把,一只手收回放在女儿的小藤椅的靠背上,慢慢地说:"今天在家里的时候,我跟你说'我们出去玩吧',这个我们就是我和你两个人,不包括妈妈和云姐姐,你明白吧?"

云姐姐是家里雇来帮忙的女孩子。孩子一周岁的时候,妈妈的休假结束了,要早出晚归地回研究所上班。爸爸要上班,要做家务,还要照顾女儿,忙不过来,就请这个女孩子——一位熟人的亲属——过来帮忙看孩子。

听过爸爸的解释,女儿轻轻地点了点头。

爸爸继续说:"但是,在家里,要吃饭的时候,我说'我们吃饭吧',就包括我、你、云姐姐和妈妈了。"

她继续点头。

他试图概括:"所以,'我们'这个词,不是固定的,它包括的范围会有变化。有时我们只是两三个人,但有些时候,我们又会包括更多的人。"

女儿点了点头,不过,还是不很明白:"那,是不是别人也是'我们'?"

他知道她还是不很明白,但他也没有办法做更清楚的解释。

于是,他只好点点头,说:"有些时候,别人也可以成为'我们'中的人。现在我们出来玩,'我们'就是我和你两个人,妈妈和云姐姐就是别人。但是，我们吃饭的时候，妈妈和云姐姐也属于'我们'的范围了。"

她可能还不是很明白，不过，他也不知道如何讲解才能更通俗易懂。

宝贝,你自己一定能上来

宿舍对面的小山,有一个低谷,低谷和周围的山坡,是一片树木园。

父女俩都很喜欢这片树木园,经常在这里玩耍。爸爸带着女儿,沿着那些弯弯曲曲的林间小路漫步,看那些高高矮矮的树木和花草,看昆虫在叶子上"走路",看小鸟在树林间蹦跳飞翔。

低谷里有一个四五米长的凹坑。那凹坑显然是人工挖掘而成的,底部比较平整,稀疏地长着一些小灌木和小花小草,但凹坑周围却都是几十厘米高的陡坡,只在比较低的一面,有一块斜斜的坡度。

他带着两岁多的女儿,在凹坑里玩耍。

在凹坑的一侧,他抬高腿,跨上了陡坡的上方。

女儿站在凹坑的底部,向爸爸伸出双手,说:"爸爸,抱我上去。"

爸爸用双手分别握着她的两只小手,对她说:"宝贝,你自己上来。"

她用力。但那坡度几乎是垂直的,根本无处放脚,她焦急地想一步步用力上蹬,但都无法上行一寸。

她焦急,很焦急地说:"爸爸,我上不去!"

爸爸说："你用力上来！"

她努力着，但无济于事！她焦急，她很焦急地说："爸爸，我上不去，我上不去！"

爸爸紧抓着她的手，轻声地对他说："宝贝，你要自己想办法上来！"

女儿非常焦急，带着哭腔说："爸爸，我上不去，你把我拉上去！"

她知道，只要爸爸用力，就可以把她拉上去。之前，爸爸就曾经是用力把她拉上去的。但是，这一次，他只是让她拉着手，没有用力。

泪水从她黑黑的眼睛里涌出来。他知道她心里有畏惧。

她害怕。她说："爸爸，你不要，把我，放在这里。我，上不去！"

他握着她的小手，对她说："宝贝不要哭，爸爸要你自己想办法上来，你自己可以想办法上来的。"

她继续无效地想蹬上来。

他重新回到凹坑里。她抱着他的脖子，小声地哭，表达她心中的委屈。

他轻轻地拍了拍她小小的后背。他说："宝贝你不要哭，爸爸要你自己想办法上去。"

她说："爸爸，我上不去！"

他说："宝贝，这里太高，你上不去。但是，你可以换一个方法上去啊！你到处看一看，什么地方可以上去呢？有没有路可以走出这个深坑呢？"

她流着泪，转头看了看。然后，指着左侧旁边的斜坡说："那里，那里，可以上。"

是的，那个小斜坡，她可以走上去，他们就是从那条路走下来的。他们还在那里上上下下地走过几趟。

他说："是的，那里可以上去。"

他重新跨上陡坡，双手握着她的小手，问她："从那个斜坡，你怎样来到爸爸这里呢？"

她依然有些惊恐。她用一只手比画着，说："那样走，那样走，走到爸爸这里。"

他放开她的手，说："对，宝贝，就是那样走，那样就可以来到爸爸这里了！"

她很无奈地向那个小斜坡走，一步一回头，看着爸爸，说："爸爸，你不要离开！"

爸爸安慰她说："宝贝，爸爸肯定不会离开的！爸爸就在这里等你！爸爸看着你走过来！"

她迈动小脚，走上了那个斜坡。

他对她说："宝贝，不要焦急，不要害怕，爸爸在这里看着你。"

他知道她会有些害怕的，这是她出生之后第一次一个人独自走这样难走的路！

她绕着凹坑的边缘，走到了爸爸的身旁。

她抱着爸爸的脖子，"爸爸，爸爸"地哭。

他紧紧地抱着她，拍着她的后背，对她说："宝贝，不要哭，你已经来到爸爸这里了！你自己走到爸爸这里了！"

他说："宝贝，你多勇敢，多了不起啊，你自己走出了这个深坑，走到了爸爸这里！"

她顺着爸爸的手，看了看她走过的路，止住了哭声。她点着头，说："我自己，走到了，爸爸这里！"

他用脸庞印去她眼眶里的泪水，说："宝贝，你多勇敢啊，你多了不起啊！我的小宝贝，你自己想办法走到了爸爸这里！"

她点着头，恢复了安定。

过了一会儿，他抱着她回到坑里，对她说："宝贝，我们再来玩一次，好吗？"

在爸爸的鼓励下，她点了点头，说："好，爸爸！"

爸爸抱起她，他们重新回到那个凹坑。稍后，他换了个地方，抬腿登上坑边，拿着她的小手，对她说："宝贝，你自己到爸爸这里来！"

她依然嘟嘟着："爸爸，你不要离开！"

不过，已经没有了先前那种紧张。

然后，她走上斜坡，走到了爸爸的身边。他蹲着，让孩子抱住他的脖子。这一次，孩子没有哭，不再那样情绪激动。

爸爸抱起她，说："宝贝，你真了不起啊，你又自己来到爸爸这里了！"

稍后，他们又"玩"了一次。

这一次，虽然爸爸变换到了离小斜坡更远的地方，但她却完全没有了恐惧，高高兴兴地，跟爸爸又玩了一次游戏。

他知道，通过后面两次的重复，第一次"游戏"在她心里可能产生的一些恐惧感已经完全消失，不会留下阴影。

这样的"游戏"，他们还在许多地方"玩"。父亲常常会在他们玩得很投入的时候，突然登上一个坡坎，给孩子出个难题。孩子也都会在随后的一个顷刻间，找到一条走向父亲的路。

孩子，人生就是这样：无论面对什么样的困难，都不要慌乱，不要畏惧，只要冷静分析，积极行动，就可以找到走出来的路！

爸爸，一只奇怪的瓢虫

1

世界上总是有许许多多的奥秘，等待我们去寻找，等待我们去发现，等待我们去惊叹它的奇妙之处。

观察山顶小公园的小小的花花木木，成了孩子时常的游戏，她在那里流连忘返。

公园里的种种植物，都那样吸引着她。她可以在一丛九里香、一丛小茶花、一丛小小的兰草前，站立许久，用小手轻轻地一片片地拨拉那些叶子，仔仔细细地查看那些清晰的叶柄，叶缘，和每一根叶脉的走向。

她总会有不少发现，她告诉他："爸爸，这片叶子有个小洞洞。"

父亲赶过来，看到她小手拨拉着的那片叶子，确实有个小洞儿，估计是让昆虫咬穿了的。

他跟她说，是虫虫咬了叶片。

他们就在那小灌木上找到了叶甲，以及瓢虫。

围篱上的九里香开花了，那白色的花序，他还是第一次看得如此清楚。

白色的桂花缀在树冠的叶丛里，香气袭人，那也是他第一次如此真实地将这样的花和这样的香气联系在一起。

都是他的宝贝发现的。

她还发现过一只翅膀变了形的瓢虫。

她急急忙忙地奔向父亲，一路狂喜地高喊："爸爸，我见到一只很奇怪的瓢虫。"

惹得小公园里带孩子玩耍和做运动的人们，齐刷刷地看着他们。

他看到她右手的拇指和食指捏着一个虫子。

他说："宝贝，给我看看？"

女儿说："不行，我放开它就飞了。"

爸爸用双手做成一个"盒子"，让她把虫子放在里面。

那是一只翅膀变了形的瓢虫。估计那虫子在蛹期，或者羽化的时候，右边的翅膀受了伤，没有完全展开。

爸爸说："它翅膀受伤了，它可能飞不了了。"

她于是又把它轻轻地放回那丛九里香上，看着它爬走。

那是一只翅膀透明的漂漂亮亮的小虫子啊，可惜翅膀受了伤！

她看着这个小小的生物，眼中充满关切。

突然，那虫子张开翅膀，霍地就飞走了。她高兴地摇着爸爸的手，说："爸爸，它能飞，它能飞，它飞走了！"

一只硬翅还没有完整展开的瓢虫能飞得这样好，他真没想到。

她看着那虫子飞走的方向，小嘴微张着，有喜悦，也有惊愕。

爸爸蹲下来，抱着她的小肩膀，说："真是一个顽强的小虫子啊，翅膀受了伤还能飞起来！"

2

在一丛修剪得很矮的花树旁,她喊他:"爸爸,好漂亮的虫虫。"

爸爸走过去,看到她手指指向的地方,有一条小小的毛毛虫,黄色的身体,间杂着几块红色和橙色的斑点。

她伸出小手,张开拇指和食指,想把它捉起来。爸爸赶紧拉回她的小手,对她说:"那虫虫有毒毛,不能用手捉。"

她说:"它好可爱呢!"

是啊,它那毛茸茸的样子,很天真无邪。但是,在他的概念里,毛毛虫都有毒毛,会引起皮肤过敏。

他拿着她的手指,来来回回地在他手臂的皮肤上摩擦。如果她抓过毛虫,手指沾上了虫毛,他希望可以通过摩擦被他的皮肤吸过来。

那些富有生命的叶子、枝条花蕾和果实,强烈地激发着她的好奇心和探究的欲望,很让她入迷,让她在专注的观察中取得求知欲的满足。因此,她从小就可以专注地在那些植物上观察,寻找,去发现一些她自己觉得有趣的东西。

3

两岁多的时候,他经常带着她回去上班。一楼办公室的院子里,有几丛植物,有一堆沙子,她可以在那些植物和沙堆上,自顾自地玩上小半天。

办公室里的两位阿姨,一直在疑惑,一个小小孩,怎么就可以在一丛植物上玩得那样入神,那样津津有味。

她经常站在门口外的一丛茉莉旁边,"探究"上小半天,甚至整个上午。这让她们觉得不可思议。

不过,他可以理解孩子。专注观察不仅可以提升观察力和情感质素,还可以带来非常美好的情感体验——一种好奇心和探究行为得到满足的愉悦,整个身心都会处在高度的兴奋和充实感之中。

宝贝,不管是一朵花,一棵草,或者只是一片小小的叶子,只要你把它握在手上,全身心地去注意它、去探究它、去体会它,你就会萌生一种感觉:整个世界就只有你与那朵花、那棵草、那片小小的叶子存在。你就会有"拥有整个世界"一样的满足。

在他的学习和探究生涯里,他就经常处在这样的情感体验之中,口舌生津,乐而忘返。尤其在深夜看书和思考难题的情况下,这样的状态会一直伴随,自始至终。

经常,在孩子全心观察的时候,他都稍远地站着,不愿意去打扰她小小心灵里的那种美好状态。他知道,那样的状态,非常有益于心智的健康发育。

小小的乐学者

在沙堆上玩耍,除了堆一些小山,用竹片挖出一些沟沟壑壑,更多的是在上面画些线条,或者"写字"。当然,孩子还不会真正写字,只是像写字一样写出一些横横竖竖弯弯。

家里的每一本书,每一页的空白上,也都被她写满了那样的"字"。

爸爸在家看书的时候,女儿总是纠缠着要站在他的怀里,跟爸爸一起看书。翻书的时候,她也会伸出小手,帮爸爸翻书。

看她那么富有参与精神,爸爸就取了一本书,交给她自己翻看。他在他的书桌旁边摆了一个位置,让孩子跟他一起正正规规地"读书"。

见孩子还想要他的笔,父亲便从笔筒里取了一支手指长短的铅笔,把笔尖磨圆,交给女儿,让她用来"写字"。

于是,她就经常坐在爸爸旁边,跟爸爸一起"读书写字"。

她自己想"读书"的时候,也会从书架上取一本书,拿着小铅笔,学爸妈的样子,一页一页地翻开,然后,小手用力握着铅笔,认认真真地在空白的地方"写字"。

她握笔的样子,十分用劲,小手指的关节因用力而下弯了一个弧度。

"读书"的时候，她神情专注，十分投入。

后来，他们上街给她买了一个小书桌，放在客厅里，专门给她读书写字。

一家三个人，就分别在两个房间和客厅里，忙着读自己的书，写自己的字。

她的小书桌很漂亮，大约80厘米的宽度，腿是可以调整高低的。椅子跟桌子是配套的，都是很漂亮的淡绿色的底，配上一些小花小草小动物红红绿绿的小图案，稚气，却很清雅。椅子也可以调整高度。桌子和椅子的高度随着孩子的长高一年半载调整一次。

小书桌放在客厅北墙靠窗口的位置。孩子坐在那里，可以通过房间的门口看到两个房间的大部分空间，可以看到爸爸妈妈的书桌。不做家务的时候，爸爸在一个房间看书，侧面对着她，妈妈在另一个房间学习，回头也可以看得到她。

这样的安排，可以让她随时看到爸爸妈妈，不会感觉孤单，也可以让父母随时看到孩子，便于必要的照顾。

他一直觉得，那样的条件，天然就是符合一家三人可以各自学习互不干扰，却又能相互关注，是最适合带孩子的住房了！虽然小一点，但是正因为小，才能那样密切，才有那样的息息相关，才有那样温馨宁静的氛围。

在爸妈学习的时候，她就伏在那张桌子上，忙着她自己的"学习"。

妈妈说："还是一个爱读书的孩子。"

她就那样"读"，一页一页轻轻地翻书，一笔一画地"写字"，口中还发着"嗯嗯"的含糊不清的声音，觉得她很享受这样的阅读的快乐。

几乎，家里的每一本书，页边，段落后面的空白，都被她用铅笔圈圈读写了。

稍大之后，孩子拥有了自己的图书。爸爸经常带她到购书中心去，与她一起选些画面漂亮的儿童图书。客厅的沙发和柜子的几个抽屉，以及他房间书架的最低一层，都放满了她那些色彩鲜艳、内容简单的绘本。

有了自己的书，她就更爱翻书看书了。当然那些书，更是写满了她自己的字。

她爱读书的习惯，大概就是在这样的熏陶中从小养成的。到上学，到中学大学，她都是一个努力的学习者，并且享受她的读书生活。

这一点，父母都觉得非常快慰，因为他们也是爱读书的人。

伴着爱读书的父母，或者带着爱读书的孩子，是多么大的一种幸运！因为人的一生都需要学习，需要学习才能在生活的竞争中保持优胜。有的人学习是因为无可奈何，有的人的学习是因为理性选择，而有的人，则是因为快乐而孜孜不倦地学习。

他希望女儿可以成为一个乐学者，能在学习和富有挑战的工作中获得快乐。

爸爸，这里有很奇怪的植物

校园里有个地方，他们叫它"03"。之所以这样叫它，是因为有一棵树上，挂着一个木牌子，那上面写有"03"。

牌子是孩子发现的，挂在很高的树杈上。

那时孩子还没有认识数字。父亲告诉她，那上面写的是"03"。

她问爸爸："为什么写03呢？"

爸爸回答："应该是林学专家做试验的。他们给这棵树编了个03的号。"

那地方种有茶树，会在冬春季开花，旁边还有凤凰木，五月的时候满树火红。

她喜欢这里，经常会提出："爸爸，我们去03玩吧！"

03一端种有许多树木，一端只是一方长势稀疏的草地。她在草地上到处走动，拿一根小棍子，这里探一下，那里跑一跑，玩得不亦乐乎。

她在有树的一个角落玩了一会儿，就高声喊："爸爸，这里有很奇怪的植物！"

爸爸跑过去，看到孩子正蹲着，用小棍子拨弄着一丛植物。那植物平展着生长，几十厘米见方，所有的叶子都萎蔫了。

那是含羞草。他没想到，在这个僻静的角落里，长有这样一方含羞草。

那丛含羞草的叶子都合上了，叶柄和枝条都垂了下来，只剩下老茎秆上的那些坚硬的刺露在外层。那些刺很尖，硬生生地挺着，仿如一个个身披甲胄的战士，维护着一方脆弱的生命。

在那些甲胄之间，还有些零零星星开着的淡红色球状的花，立在午后的阳光里。

含羞草是他幼时很喜欢的植物，但来学校这么长时间了，却似乎没有在什么地方见到过。转又一想，十多年里，他几乎都是全副身心地学习和工作，哪有心思注意这些花花草草呢？如果不是因为孩子，他哪有机会在这些树林草地上走呢？

女儿问："爸爸，这些植物，叶子为什么会收起来啊？"

爸爸说："这是含羞草，它会害羞。你碰它，它就会合上叶子。"

她问："它们不会死掉吧？"

他说："不会的，只要我们不碰它，过一会儿它们的叶子就会重新张开。"

于是他们退在旁边，静静地看着那丛含羞草。

一个角落的叶子打开了，他把食指放在唇前，示意她要安静等待，她也学着爸爸的样子，嘟着小嘴，把手指放在唇上。

不大一会儿，那些合起来的叶子就陆陆续续地全都张开了，一丛含羞草茂盛地再现在他们的面前。

他们快乐地走近这一丛怕羞的植物，用小木棍轻轻地碰触那些羞怯的叶子，让它们再次合上。

孩子做得很专注，那些叶子的张张合合，引起她极大的兴趣。

他开始回忆。小时候，在他母亲工作的小镇上，那破砖窑边的一丛含羞草，以及在父亲的村庄里，屋子旁边的一丛含羞草，它们告诉他的一些道理。

孩子玩得起劲，不断地问爸爸："为什么它们会害羞？"

爸爸没有告诉她为什么，因为她还太小，还不懂得生存的道理，不懂得生命的隐忍。待她再长大，到5岁，或者6岁的时候，他会和她一起研究它们，发现它们的秘密，懂得它们的道理。

因为同样的问题，他也问过他的姐姐，他没有得到满意的回答。后来，他发现了含羞草的秘密，他把发现告诉了他的父亲，父亲向他做了解释。他想，等女儿再长大些，可能她也会观察，分析出它们的秘密的。

有些事情，要等待机会，要在合适的时间。

不过，他倒是起了个心，要带孩子到校园那些僻静的地方去。或者，在那些地方，也有含羞草。

于是，许多个周末，他就用自行车载着孩子，专门到学校那些比较僻静的角落，干旱和贫瘠的地方，去寻找含羞草。在他的记忆里，似乎没有见过水肥土沃、植物茂盛的地方长有含羞草，它们只在僻静贫瘠的角落，静静地生长。

就如在小公园里寻找开放的花儿，每发现一丛含羞草，他们都会发出小小的欢呼。然后，她也会用一根小棍子，轻轻地碰触那些羞答答的叶片，看着它们轻轻合上。

她经常一脸狐疑，她也许正思考着：它们为什么会羞答答地合上叶子？

爸爸,这里有小蝌蚪

这个地方他们叫它"07"。"07"也是写在一块小木牌上的数字,挂在一棵树的丫杈上。像那块写着"03"的牌子一样,估计也是林学的某个专家的一个试验点。

在树近旁的一段腐木的凹陷处,她发现了许多小蝌蚪。

她高兴地大声呼唤:"爸爸,这里有好多小蝌蚪!"

爸爸走近,发现那是朽木头形成的一个凹陷。那是一棵很粗大的树,地上的树干被锯去了,只留下一个树头。那树头中空了,可能是原来就是中空的,或者是后来腐烂了的。树头和一条很大的侧根形成了一个一米多长、几十厘米宽、几十厘米深的坑,装了许多水。清透但带着些许锈色的水里,活动着许多黑褐色的小蝌蚪。

孩子看过的画书上有小蝌蚪的故事,她认识这些小东西叫蝌蚪。

她蹲下,伸出小手,想去捞那些蝌蚪儿。

爸爸制止了她:"不能捞!"

她问:"为什么呢?小蝌蚪不是不咬人的吗?"

他说:"小蝌蚪不咬人,但这水可能并不是很干净啊,你看,颜色就不太对。"

她缩回了手,疑惑地看着爸爸。爸爸对她说,小鱼和小蝌蚪是可以在很脏的水里生活的。但我们不能随便接触那样的水。

她说能不能捉一些小蝌蚪回去，在家里养着，看它怎样长成青蛙。

爸爸说，养蝌蚪不容易呢！我们要到湖里打捞水藻、蚊子幼虫和小红虫这样的生物来喂养它们。我们可能做不到。因为那些东西很难找。

她说，不然我们就天天来这里，看着它们长大。

爸爸答应了她，经常用自行车带着她过来，蹲在旁边看一会儿蝌蚪。

小蝌蚪长得很快，越来越胖，不久长出了一对小腿。然后，前腿也长出来了。然后，它们就陆陆续续地断了尾巴变成了青蛙。

初时，小青蛙在树穴里跳来跳去的，但后来就不知去向了。那树穴的凹陷，就只剩下一团稍微带着黑褐色的水。不过没多久，水里却长出了一些蚊子幼虫，那种让人觉得讨厌的孑孓。

那些孑孓，会长成蚊子叮人的。

孩子问："那怎么办啊？"

爸爸说："可能那些在这里长大的青蛙会回来，吃掉那些孑孓的。"

世界上，总有些有益的动物，去制止那些害人的生物。

十多年之后，他到过一个鱼虫市场，居然看到有人在卖蝌蚪。打听之后，才知道喂养蝌蚪并不是很困难的事。一个不太大的容器，装上池塘里的水，就可以养上几个小蝌蚪。每天投放些煮熟的青菜和面包屑，再两三天一次地换水，就可以满足小蝌蚪生长的需要了。

于是他觉得，那时还不知道有这样的鱼虫市场，没有与女儿一起尝试养一次蝌蚪，亲眼看着它们一天天长成青蛙，完成她那时的一个小小的心愿，确是有些遗憾。

不过，他们倒是成功地养了一批蚕宝宝，还在一个方形的小水箱里养过一对小金鱼。

第三章

幼儿园时期（一），大自然的恩泽

进幼儿园了

1

4岁,孩子进入幼儿园了。幼儿园是学校的附属幼儿园,在校园的一角。

是不是就近进入学校的幼儿园,在他们家里有过比较长时间的讨论。

据说市里有个"最好的"幼儿园,有朋友的孩子就在那里入读。朋友劝他们也把女儿送过去:"那里的条件非常好,省里市里的某某某领导和某某某领导的孙子孙女都在那里。"

"那里是全托的,星期一早上把孩子送过去,星期五下班后接回家,干手净脚。"

"幼儿教师和保育员都是一流的,非常负责任。"

那时,很时兴上贵族学校,上贵族幼儿园。

不是没有考虑过送孩子到那里入读,但经过认真思考,还是觉得就近入园好。

他不赞同孩子寄宿。他一向相信,家庭是孩子最好的学校。孩子在情感和性格成熟之前,是不应该远离父母寄宿在学校的,让一个4岁的孩子到幼儿园寄宿，他于心不忍。

幼儿时期，孩子很需要父母的关心和爱，远离家庭会增加孩子的孤独和不安全感，对情感和性格发展可能有不利的影响。

他始终认为，情感是最重要的人生财富。儿童情感的健康发育，是要以家庭生活为基础的。儿童与父母的情感，是所有情感因素的种子，这颗种子是否健康、是否饱满，与他们同父母关系的密切程度相关。一个幼小的孩子离开父母，会缺乏必要的安全感，许多时候会孤单无助，这可能不利于情感的健康发展。

孩子是最盼望与父母在一起生活，最盼望能随时得到父母的鼓励和呵护的。他相信，幸福的儿童，是在父母身边长大的儿童。

当然，每个周末都可以跟父母在一起，时间也不算少。不过，他总是觉得，让4岁的女儿离家，一连几天都寄宿在幼儿园里，很不忍心。

2

进入幼儿园了，云姐姐也离开了，生活就开始紧张起来。

5点多钟，他就与孩子一齐起床。帮孩子穿好衣服，让她自己刷牙，他自己就速速洗漱，然后再帮孩子洗脸。

初入幼儿园的秋季学期，爷爷来帮了一段时间忙，他们洗漱的时候，爷爷就去饭堂打早餐。

早餐是经年不变的牛奶面包。从饭堂买回来，煮开牛奶，再蒸一会儿面包就完成早餐的准备工作了。

妈妈匆匆吃过早餐，就要出门。他帮她把自行车抬到楼下，她就匆忙骑车赶到二三公里外的公共汽车站，再乘一个钟头的公共汽车去上班。下班之后，再辗转回来，7点多钟才能回到家。

爷爷在这里住了两个多月，那段时间他们稍微轻松些。爷爷带她去幼儿园后，他也出门上班，中午买些肉菜回来，与爷爷一起弄些吃的。下午四点多钟，爷爷就去幼儿园把她接回家。

后来，爷爷回去了，他们就忙了许多。

父女俩一早起来，洗漱之后，就一起去打早餐。开头是爸爸自己去的，排队买了面包再排队打牛奶，花的时间比较长。后来，女儿争着也要跟着去帮忙，爸爸觉得让她参与做些事，也是挺好的，就和她一起买早餐了。

进入幼儿园两个月，她进步很快。

每天早上，家里她最早起床，穿好衣服，拉亮客厅的灯，边看图画书边等爸爸起来。

爸爸起来之后，稍稍帮她整理一下衣服，就给她弄热水，让她洗漱，他自己也速速洗漱好，与她一起出门。

到了教工饭堂，爸爸去排队买包点，女儿就去排队打牛奶。

打牛奶的程序比较简单。卖奶的摊子设在教工饭堂门前的路边，在那里排一会儿队，交上奶票，用小钢煲接好牛奶，就完成了交易。

买好奶，她端着走进饭堂内侧过道的一个小厅里，把奶煲放在一个僻静处，站在旁边等爸爸。

爸爸排队买好包点，就过来与她会合。

爸爸让她提包点，他端牛奶。她拉着爸爸的衣服，一起回家。

早餐后，爸爸送她到幼儿园，然后自己去上班。中午她在幼儿园吃饭午睡，不回家。下午放学时，爸爸再来幼儿园接她。

他们回家煮好饭，等妈妈下班。晚饭后，再洗洗刷刷，一直忙到深夜。

3

开头,她并不喜欢上幼儿园。

早餐后,爸爸抬着自行车下楼,让她背着小书包跟在后面。

那时治安不太好,小偷很多,自行车不敢放在楼外,至少要抬进楼内的楼梯底下。但是,楼梯底下空间很小,最多只能挤着放四五辆车子,且还会挡路。因此,他每天都把两辆自行车抬到家里的北阳台,出门的时候再抬下去。

有了孩子以后,他的车子就加了个儿童藤椅,方便带孩子出门。

坐上自行车,孩子就一路嘟哝:"爸爸,我不要去幼儿园,我不去幼儿园好不好?"

爸爸说:"孩子都是要去幼儿园的,去幼儿园才能进步啊!并且,幼儿园很好玩啊,有那么多小朋友做游戏,有那么多玩具,有转转轮,有滑滑梯,有小秋千,有……"

他停顿了一下,假装想不起来。

见爸爸说不上来,她就接着说:"有小木马,有跷跷板,有蹦蹦床,有小火车……"

这些都是她喜欢玩的。说着说着,她就不再提不去幼儿园了。

到了课室,把她交给老师,他就匆忙去上班。

她按照老师的吩咐,跟爸爸说过再见,就跑到课室后面玩玩具去了。

下午,只要能抽身,他都尽量早一点到幼儿园接她。

在课室,见爸爸过来,她的小脸上立时就堆满了快乐。他跟老师打了招呼,老师就吩咐她收拾玩具准备放学。

她迅速地收拾好玩具,拿上小书包,跟老师说了再见,就跑过来拉着爸爸的手一起离开课室。

在回来的路上，在煮饭和吃饭的时候，爸爸都会不断地询问她在幼儿园的情况，要她告诉他那些她觉得有趣的事。

他觉得这是让孩子喜欢幼儿园的一种方法——让她发现那里的快乐。同时，让她回忆和讲述，对于提高记忆力和语言表达能力，也有积极的意义。

从那时候开始，他一直都很喜欢跟孩子谈论幼儿园和学校里的趣事。最初只是想借此来让她喜欢幼儿园，提高语言能力，后来就成了一种习惯。

他们一件一件地谈，谈得很快乐，笑声不断。

其实，那些趣事原本并不十分有趣，不过是同学的一小点差错，或者是老师的一两句口误，抑或是同学的一个小小的恶作剧。但那样的事情，经过他们一来一往的逗趣，就变得趣味十足了。

这也有利于乐观和幽默性格的形成吧？

交流幼儿园和学校生活，对于他们在学习和生活的方方面面的无障碍沟通，也非常有意义。在已经养成的平等互信的气氛中，很多问题都很容易得到交流和解决。

有些家庭没有这样的交流习惯，在儿童幼年时期没有搭起沟通的桥梁，到孩子逆反时期沟通就相当困难。

空闲的时候，他们也会让她唱新学到的儿歌，讲解幼儿园玩过的游戏。

她的儿歌唱得很不错，音阶很准，并且有声有色，证明她学习的时候是很认真的。爸爸妈妈也跟她学儿歌，但他们都学得很"笨拙"，需要她一遍遍纠正。

他们也经常在她的安排和指导下玩游戏。他们经常"听不明白"游戏规则,经常追问细节,她便一遍遍地讲解。

这些,都是有助于儿童智力潜能的多方向发展的。

4

那时,他兼着学院行政和公司经营的职务,还有比较多的科研和教学任务,忙得一塌糊涂。尽管他希望下午能尽早去幼儿园接孩子,但许多时候,只能在幼儿园关门之前才匆忙赶到。

很多时候,老师已经做好了回家的准备,牵着孩子的手,站在幼儿园门口等他。

每每,他都觉得很惭愧,谢过老师,就领孩子回家。

她总能很有礼貌地向老师告别,快乐地跟着爸爸走。

也有好多次,他没有来得及在幼儿园关门之前赶到,老师就把她放在幼儿园隔壁的一位老奶奶家里,让她自己一个人等爸爸。

她就抱着小书包,坐在屋前的矮凳子上,眼睛一刻不离地盯着爸爸过来的那条路。

远远地,看见女儿抱着小书包,一个人坐在凳子上,望眼欲穿的样子,他就觉得心里愧疚,告诫自己第二天一定要想方设法尽量早些过来。

看见爸爸过来,她的小脸立即绽放出无比的快乐。远远地,她喊了一声"爸爸",就背起书包,把小凳子搬回老奶奶的家里,告诉老奶奶,说爸爸来了。

他们谢过老奶奶。他让她坐进自行车后面的儿童小藤椅里。他们急匆匆回家做晚饭。

每每，想到女儿坐在小凳子上，眼巴巴地望着远处的样子，他就觉得心痛，觉得很对不起她！别人的孩子都四五点就有人接走了，而她，一直待到幼儿园关门，还盼不来爸爸，最后被放在这位老奶奶的家里！

他可以想象，在那一段时间，她会觉得孤单，可能还有畏惧。

每天，他都决心要准时来接她，但却又经常无法动身。

还有一次，他赶到时，幼儿园已关门，老奶奶的房子也锁着门。

不见女儿，他急得几乎发了疯！他绕着屋子前后喊她的名字，最后问了幼儿园前面的一家小店，店主说："你女儿似乎是跟陈老师走了。"

他不知道陈老师家在哪里，打听了好几个人，才找到陈老师的家，把女儿领回。

每天下午接她回家后，他就要匆匆忙忙地煮饭，等她妈妈回来。

那时，他们没有人来帮忙，而且他的职务工作也很多，真的很忙乱。

好在，一年后的暑假，她妈妈调了回来。

之后，他们雇了个钟点工，晚饭后过来帮忙。

她妈妈那时还是中级职称，主要工作就是上课，并不是很忙。很多时候，下午就是妈妈接她回家。

门后面的鞭子

女儿进入幼儿园了,要慢慢明白事理,学习规矩,规范行为了。对她的教育,不能只是发展天性,还要有所约束,形成自律的习惯,以保证她在正确的轨道上健康成长。

她还有不少不好的习惯。在幼儿园里,老师反映她吃饭慢,自己跟不上,也不焦急,常常要人反复催促才稍稍加快。她中午不肯睡觉,经常趴在小床上东张西望,直到老师发现,喊她睡觉她才躺下闭眼装睡。上课的时候,她也不很专心,会与旁边的小朋友说话。在家里,她也是吃饭很慢,一小碗饭吃半个钟头,饭菜都凉透了,还在那里慢条斯理毫不紧张。大多数情况下,她还比较听话,能按时作息,但有时也要反复催促才放下玩具上床睡觉。

得想办法,让她纠正不好的习惯。

星期天,他带了把小刀,带女儿去树木园玩。

天气很好,树木园内蝉鸣鸟唱。女儿一路玩耍,一路不断地说幼儿园里的事情,玩得很快乐。

在一丛竹林旁,他们站住了。

他对女儿说:"我们找一根竹枝吧。像爸爸的小指那么粗,这么长的竹枝。"他比画着告诉她。

她以为是用来做什么玩具的，很高兴，指着面前的一根，问："爸爸，这一根行不行？"

他说："这一根太粗了。"

她又指着另一根，问："这一根呢？"

他说："这一根又太细了。"

他们找到了一根合适的，小指那样粗，1米左右的长度。

他把竹枝折下来，蹲在旁边，用小刀小心修去它的小枝和叶片。

女儿问："爸爸，我们用竹枝来做什么呢？"她认为爸爸肯定是要做什么新玩具的。以前他们用竹枝做过椿象的小转磨，她很喜欢。

爸爸继续修平竹节上的一些凸起，云淡风轻地说："用来打人的！"

女儿惊讶地看着爸爸，觉得这个回答有点匪夷所思。

他拿着鞭子，比画着，说："这样细细的鞭子，打在脚上，打在手上，打在身上，都是很痛很痛的。"

女儿不安地问："爸爸，我们用鞭子来打谁啊？"

爸爸看着她，慢慢地说："用来打女儿的！"

他从来都没有打过她，高声训斥都没有过。这样的回答显然大大出乎她的意料。

她很委屈，抱着爸爸的头说："爸爸，不要打我，我不要打！"

爸爸放下小刀，用手拍着她的后背，说："爸爸不会打你，只要女儿乖，爸爸就不会打。"

女儿说："爸爸，我乖，我不要打，我不要鞭子！"

他拿着鞭子，一手抱起女儿，对她说："只要我的女儿乖，爸爸一定不会打！但是，如果女儿不听话，可能就会打了！"

她觉得非常委屈，反复地说她不要打。

他反复向她保证，只要乖，就一定不会打。

他们把鞭子拿回家，一起把它放到小房间的门的后面。

他知道，在我国延续了几千年的教育过程中，从官学到私塾，学校中堂或者课堂前端，都高高地悬挂着一条戒尺。这条高悬的戒尺，对学子的行为规范，有着无声的震慑作用。

他也想用这一根细细的鞭子，发挥戒尺的作用，让女儿能戒除不利于健康成长的行为，养成良好的举止规范和生活习惯。

有时候，女儿玩得忘乎所以，不肯睡觉，不肯停下来吃饭，他就会用很平和但却很严肃的声音对她说："女儿，到门后面，把那根鞭子拿来给我！"

女儿猛然醒悟，说："爸爸，我听话！我不要打！"

门后面的鞭子，多年来，在"拿"与"不拿"之间，就如学堂里的戒尺一样，无声地发挥着它的震慑作用。

那条鞭子，一直没有真正使用过，也逐渐被淡忘。直到她小学三年级，他们再次搬家的时候，才把它扔了。

到大自然去

他从小热爱大自然，他在大自然的怀抱中长大，他喜欢在大自然的怀抱中，释放情感，陶冶情怀。

他深信大自然可以给人们最全面的身心陶冶，可以有效地提升观察力和所有感知世界的能力。懂得大自然，在大自然怀抱里长大的孩子，会具有健康的人生。

山顶小公园，虽然设计精致，但面积太小，在那里活动的人数太多，难以放开心怀尽情玩耍。"03"和"07"，虽然都是树木草地，但面积还是太小，可以满足一个两三岁的幼儿奔走玩耍，但稍大，就觉得不够广阔。

后来，他们更多的是到小区对面的树木园玩耍。那里面积比较大，有山坡，有低地，有湖水。园内树木碧绿，蝉唱鸟鸣，荷塘清澈，小径蜿蜒。沿着园内的环形小路走上一圈，至少可以玩上一个钟头。并且，在林间行走的人也很少，环境很安静。

再远一点的地方，就是华南植物园和植物园周围的那些山地和树林了。那里有更大的空间，供孩子去奔走、去玩耍、去探究、去发现。

开头，去稍远处，到一两公里处的"03"和"07"，以及五六公里外的植物园，甚至十来公里远的地方，他都是用自行车载着她，一路说话，骑车慢慢走。

最早，女儿坐在跨在自行车横梁的小藤椅上，面朝内贴近父亲，或者面向前方，观赏路上的风光。稍大，那小藤椅显得小了，他便换了一张大号的藤椅，扎在后架上。女儿坐在藤椅里，小脚蹬着藤椅前的弯弧，双手扶着胸前拱形的藤条，左左右右地观看两旁的景物，高高兴兴地跟爸爸说话，告诉爸爸她看到的远远近近的景物。

她4岁的时候，交通工具换成了摩托车，出行快捷了许多。

她坐在后架上，双手揪着爸爸腰间的皮带，紧紧靠着他。

他慢慢地开车，他担心女儿会害怕。

女儿稳稳地坐着，说她不怕。

那时，因为工作关系，许多时间他都是在珠江三角洲的公路上来来往往，有时就会带着女儿，在路上一些"有意思"的地方，停车玩上一会儿。或者，在发现一些有趣的地方之后，再次过来时带孩子一起来。

他们到过许多山坡、河岸、沙滩、竹桥、木桥、树林、竹林、小溪、山塘和水库，他路过和觉得有趣的地方。

大自然给予了她更多的见识，锻炼了观察力和注意力，陶冶了情感和情怀，让她快乐成长。

快乐的植物园

他们常在周末的一个休息日一起出去。

早上，如果天气晴朗，爸爸便会问她："小女，今天想去哪里呢？"

她想了一会儿之后，常常就说："去植物园吧！"

华南植物园和周围的几处山坡，是他们去得最多的地方。

吃过早饭，他把她抱上自行车或者摩托车的后架，等她坐稳扶稳，放好小脚，就向植物园进发。

那时植物园的后门这一带还很荒僻。他们沿着一道窄窄的乡村公路骑上三四公里，就到了植物园的南门。

南门是徒然地安装了一副对开的铁门。两个铁门连接门轴的铰接都坏了，一个耷拉着，一个关不上。门边有个破烂了的岗亭，但没有门卫，任人自由进出。

进门是一条坑坑洼洼的泥路，坑里的泥水终年不绝。他们左左右右地绕着那些水坑的边缘，小心翼翼地慢行。过了这一段路，到了稍高的山坡，路面虽然依然坑坑洼洼高低不平，但泥水却是比较少了，好走很多。

再走二三公里，就到了中部的大草坪。他让女儿先在草坪上奔跑一会儿，玩耍一会儿，然后就在园区内随意游玩。

植物园内的许多植物都挂有牌子，写着名称和所属的科和属。他就按着那些牌子上提供的信息，按照他的所知，给女儿讲述这些植物。

女儿很惊讶，树和草都有名字。

他说，牌子上的名称不是它自己的名字，是同一种植物的名字。同一种树，同一种草，我们给它们起一个名字，方便我们认识和区别它们。

女儿问什么是科什么是属。

他说属就是一类植物的一个小家，好多种植物都属于这个小家，其他一些植物则属于别的家。就如她，和他，和妈妈，属于一个小家，而叔叔、婶婶和堂哥，属于另一个小家。

科就是更大的家，他们的家，叔叔的家，都属于爷爷的更大的家。

他们喜欢裸子植物区，看到那些具有坚硬叶子的铁树，开出了黄白色的长圆形的花球。

他们喜欢兰圃，那形形色色的花序，散发着幽幽的香气。

他们喜欢在竹园曲曲弯弯的小径穿行。

他用两个拇指夹着一片竹叶，吹了一个长长的响声。

她也要爸爸给她夹上竹叶，也要吹出声响，但她的手太小，肺的力量还不够大，吹不出那样的声音。

她觉得有些失望，爸爸便想到要给她做一个叶哨。

他们转到湖边，他摘下一片水杨桃的叶子，去了叶尖，卷成筒状。他用手指把叶筒的前端圆口压扁，用手捏住后端，让孩子含着压扁了的那端，用力吹气。

孩子试了几次，终于吹出了一些声音。

她很高兴，之后，就经常要爸爸给她卷叶哨。

他们试过许多叶子,最容易吹,声音最响亮的,是荔枝的叶子。他小时候,也经常会含着一片荔枝叶,吹出长长的、响亮的哨声。

孩子觉得很神奇。

是的,大自然是很神奇的,一片普普通通的叶子,可以吹出动听的哨声。

不只叶子可以吹出声音,有些昆虫的茧子,植物的皮层,也都可以吹出声音。

有一种蛾子的茧,秋千一样挂在树上。摘下来,用剪刀剪平两端,去掉中间的虫体,含在嘴上,轻轻吹就可以吹得很响。

有一种叫作"鸡儿麻"的植物,皮层很韧,用小刀切下一截,退去中心的木质,留下管状的表皮,把一头刮薄,也可以吹出响亮的声音。

女儿对这样用植物组织做成的哨子都很喜欢,比商店里买到的塑料哨子喜欢得多,经常长长短短地吹着玩。

他一直认为,在与大自然的接触中学习,其意义绝不亚于在书本上的学习。并且,大自然对情感和性格的陶冶作用,是书本难以企及的。

昆虫世界的乐趣

1. 奇妙的蝴蝶

植物园的一角,有一个昆虫馆,展览着许多美丽的昆虫标本。

每次,在园内观览之后,他们都会到这个昆虫馆来,参观她最喜欢的蝴蝶标本。

色彩斑斓的凤蝶、小型稚萌的粉蝶,都可以让她流连忘返,但蝴蝶馆内最让她惊异的,还是那几种枯叶蝶。

那些蝶儿,与普通的蝴蝶差异非常大,蝶子的翅膀前后长成尖状,长有叶脉一样的翅脉,酷似枯叶。

它们有着纺锤一样的触须、浑圆的双目,它们的翅膀看起来坚韧如革,它们的翅脉交错纵横,翅膀中部两块灰色的鳞片,仿如枯叶坏死的斑点。

她细细地观察那些枯叶一样的蝴蝶,心里充满惊奇。

她问他:"爸爸,蝴蝶为什么可以用叶片来做翅膀?"

爸爸对她说:"那不是真正的枯叶,只是蝴蝶的翅膀长成了枯叶的样子!"

她还是不解。她接着问:"蝴蝶的翅膀为什么可以长得像枯叶?"

生命的世界是非常奇妙的，枯叶蝶进化成如今的样子，肯定也是生命意志的作用吧？每一种生物，在自然界的生存过程中，每时每刻都受着各种各样的生存压力，在生存的竞争中，由于生命意志的作用，它们进化出种种机制来抵御和避免受到伤害，这大概就是这些拟态昆虫进化的原因吧？

他一向笃信生命意志的意义！只要努力坚持走向自己的目标，你就慢慢可以接近你所希望的状态。对这一点，他有非常深刻的体会。

7岁随母亲下放到农村的时候，他是一个极羸弱的小少年，经不起冷风，晒不起太阳，也没有力气。但是，他凭着自己的意志，咬着牙支撑，增长了应付困境的体力和智力，成为村子里的强劳力和干活能手，一步一步地增长了生命的价值。

不过，他又怎样向小小的女儿解释呢？等她长大，懂事之后，再来跟她谈一谈——任何生命，都会因为它的生命意志，让它成长为它所希望的样子！

他要对她说："生命就是意志！人与人的区别，在于意志的区别。在是否咬一咬牙之间，强弱就泾渭分明！这是爸爸对人生的体会。"

但在此时，对着小小的女儿，他只能浅浅地告诉她，用教科书里面的文字。

于是他说："蝴蝶的一生中，会受到一些敌人的伤害，比如小鸟会吃它们，蜘蛛会捕捉它们。它们让自己长得像枯叶一样，就可以保护自己。"

女儿问："枯叶蝶怎样保护它自己呢？"

他告诉她："枯叶蝶飞得很快，遇到小鸟追捕的时候，就迅速地飞进树林里，停在枝条上，合起翅膀，与树上的其他枯叶混在一起，小鸟就找不到它了。"

看到孩子看着枯叶蝶出神，昆虫馆的阿姨给她送了一个枯叶蝶的标本。他们用一个纸盒装着，她经常会轻轻地打开盒子，静静地看上一会儿。

他知道她在冥想。或许，正有一只枯叶蝶，飞翔在她想象的空间里，在树林中穿行，巧妙地与追捕它的小鸟捉迷藏。

春天，百花盛开的时候，他用白纱布缝了一个二尺深的捕虫网。他用铁丝弯起网口，装在一根一米多长的竹竿上。

他们带着捕虫网，开车到远处去，在开着菜花的山坡上追赶蝴蝶。

许多小小的粉蝶，和色彩斑斓的凤蝶，高高低低地飞着，在黄色和白色的花丛间往往返返。

她追逐着，快乐得大声高叫，兴奋雀跃。

有时她跑得气喘吁吁，汗水湿了额头和背后。但她毫无倦意，保持着旺盛的热情，不断地追逐着那些飞来飞去的虫儿，高声地表达着她的快乐。

他陪着她跑，陪着她欢乐地叫。

远处的行人，有时会望过来，看着他们这一对欢乐的父女。他想，那些人也会被他们的欢乐感染吧？可惜，许多人不懂得渲染他们的快乐，快乐的种子被紧紧地包裹着，难以萌芽。

看准机会，她双手快速扫过，一只凤蝶落网了。

看到虫子落在网里，她兴奋得大叫："爸爸，爸爸，我捉到了一只蝴蝶！"

他快步走过去，看见那网里有一只中等大小的凤蝶，收着翅膀，正在白纱布的网中爬行，对这突如其来的变故显得不知所措。

看着虫子在网里乱爬,她把捕虫网放直,轻轻地垂到地面。她慢慢地放低网口,让那只小小的虫儿脱离围困。那只惊魂甫定的蝴蝶,扑腾了几下,爬到了铁丝弯成的网口上。然后,它轻轻地振动翅膀,又重新飞回那一片属于它的天空。

然后,她又握着捕虫网,去追赶别的蝴蝶。

2. 装死的金龟子

一只甲虫在一棵龙眼树下低飞的时候,被她扫进了捕虫网。那是一个比拇指还粗的黄褐色的金龟子,六只脚都缩着,在捕虫网里一动不动。

她说:"爸爸,这只金龟子死了。"

金龟子的名字是爸爸告诉她的,在山顶小公园旁的树木上,他们就见过这样的甲虫。

他走过去,看了看她手中的捕虫网。捕虫网里确实有一只金龟子。那虫子紧缩着脚和身体,似乎是死了的样子。

金龟子是有装死的习性的,这个他知道。

他们老家有许多种金龟子,夏秋季节,用棍子扫一扫一棵树,可能就会扫落几只黄色、褐色、灰白色或者绿色的金龟子。它们掉在地面,会紧缩着,一动不动地装死。

她觉得很新奇,虫子会装死!

他把那只甲虫从网里拿出来,放在地面,叫她用棍子去碰它。它就随着棍子的力量,被拨来拨去,仿如一个没有生命的橡子。

他拉直它的一只脚,那只脚却慢慢地缩了回去。

哈哈,露馅了,是装死的!

他找了一根一米多长的粗线,拴住金龟子的一只后脚。他在粗线的另一头打上一个小结,防止它散开。

他们来到山顶小公园,把虫子放在一个墩子上,让她拿着线,准备牵着金龟子飞翔。

金龟子在墩子上爬行了一会儿,就张开翅膀飞了起来。

它用力向前飞,把她手上的粗线拉得绷绷紧。

她向前走一步,那虫子就向前飞了一步之远。于是,她就欢乐地跟着虫子跑了起来。

她跑了许多圈,仍余兴未尽,但跑出了一身的汗水。

他找来一颗小小的石子,在粗线的一头拴上。

他叫她蹲下,拿着小石子,让虫子飞起来。

待虫子拉紧了粗线,她慢慢地放了手,金龟子就斜斜地拖着那颗小石子,慢慢地向前飞行了。

终是因为拖着小石子,那虫子力量不及,便越飞越低。最后,小石子落到了地面,虫子也跟着降落了下来。

这样玩,就省了许多劲,可以放开手,看着它,不怕它飞走。

他对她说:"如果换一个稍大些的石子,拴得更靠近虫子,它就会绕着这个石子转圈圈,转成一个轮子的样子。"

他们找了个跟金龟子重量差不多的石子,拴在距离金龟子七八厘米的地方。

他们站着,拿着粗线的一端,上上下下撅了几次,那只虫子就开始飞了。

但是,石子太重,虫子无法拖动。无谓地飞了一小会儿之后,虫子突然就绕着石子飞成了圆圈状。

她弓着腰提着那根绳子,看着虫子在粗线的下端带着石子转成一个轮状。

她快乐得高声大叫。

3. 坚忍的蝉

住宅小区绿化很好，到处都是高高矮矮的树木。夏秋的季节，就有许多蝉在密密的树冠里高声歌唱。

他们带着那个套了两米长竹竿的捕虫网，在树木园里捕蝉。

他把捕虫网向外折了一折，让网口与手柄之间有一个三四十度的角度。

他们循着蝉儿鸣唱的声音，在树杈上找到了它们。

看到树干上有蝉，他们就悄悄地走到它的下方，准备捕捉。

他们小心地把捕虫网伸向一只正在高叫的蝉。

不能碰到树干，也不能碰到任何的树枝和枝叶，任何小小的动静都可能会把蝉儿惊走。

蝉儿鸣唱得很专注。当捕虫网从下方进入它的视野时，它似乎被吓了一跳，戛然停止了鸣唱，然后迅速逃走。

逃走的时候，蝉儿会快速向下方退着飞一下，然后用一个向后的斜角快速往上冲，飞行的路线就如幼儿园的老师们在作业本上打的钩。

捕虫网从它们的正下方悄悄逼近，那个折了角度的网口正好堵着它们的下方和外侧的逃走路线。

捕虫网的那个角度要折得十分合适才能捕蝉。角度过小，虫子向下退着飞的时候就进不了网，会从旁边折一下角度飞走。角度太大，进了网的虫子向上冲的时候，又可以从网口直接飞出去。

小时候，他用手织的线网捉蝉，经历过许多的失败，最终才总结出这个捉蝉的经验。这个方法，几乎百分百成功。

女儿问："爸爸，你怎么知道它会那样飞？"

爸爸回答："一开头，我也不知道它是那样飞的。"

她问："后来，是不是爷爷告诉你的？"

他哈哈笑了一下，对她说："不是爷爷告诉的，是爸爸自己观察到的。"

他对她说："我们的知识和经验，许多都是靠自己学习得到的。仔细观察、仔细思考，我们就会变得越来越聪明、越来越能干！"

她看着爸爸，"嗯"了一声，用力地点了点头。

他知道她可能还没有完全懂得这句话的道理，但他相信，她会在以后的学习和生活中慢慢理解的。

落了网的蝉一时间不再鸣唱，但他们用手捉住它的时候，它又喳喳喳地叫了起来。

他们把蝉装进一只纸盒里。稍稍摇动纸盒，蝉就会发出叫声。

蝉的叫声是从腹部的发音器发出的。它们腹部左右两侧各有一个发音器，外面有一片长长的"掩"，盖在发音器外面，起着共鸣的作用。

他们用短线捆住蝉的一只后脚，拴在书架的一个钉子上，不让它飞走。它就在他们的房间里，时不时地扑腾几下，然后就"喳——，喳——，喳——"地叫一会儿。

她觉得蝉叫并不好玩，有点刺耳。几天之后，他们就把这只蝉放了，在阳台上看着它一边叫一边飞走。

有一天晚上，他从实验室回来，在一棵小树上看到一只"蝉蛹"（蝉的若虫）。那小虫子刚刚从地下爬出，趴在树干上，准备羽化。

他小心地捉住了它，带回来，放在蚊帐里。他要与女儿一起，观察蝉的羽化——看蝉蛹是如何蜕变为蝉的。

他们熄了灯,尽量保持房间的黑暗。在他的记忆里,在光线充足的情况下,蝉蛹有时蜕不了壳。

他对女儿说,蝉蛹是蝉的孩子,它们一出生就掉进了泥土里。它们在泥土里吸食植物根部的苦汁当作营养,来让自己长大。然后,它们用细细的前爪,在泥土中挖出一条隧道,爬了出来。

他对她说,蝉蛹爬出泥土之后,要进行最后的蜕变,脱掉硬壳成为一只蝉。

她对这只从泥土中爬出的小生物充满着好奇。她问它们是怎样吸食植物汁液的,她问它们是怎样挖掘泥土的,她问没有翅膀的蝉蛹怎样可以变成有翅膀的蝉?

他一个个地回答她的问题。他希望她知道,一只被埋在泥土中的小蝉蛹,如何靠着自己的努力,爬出了泥土,蜕化成一只能唱会飞的蝉。

这是蝉的道理,也是人的道理。

她对那只小小的蝉蛹产生了极大的兴趣。她在黑暗中借着窗外透过窗帘射进来的微弱的光线,一直默默地看着它。

那只蝉蛹爬到了蚊帐的高处,停在那里。

不久之后,它的背部裂开了一条缝,一大片背壳就慢慢突起,挣脱了硬壳的束缚。跟着,它的头部挣了出来,随后脚也出来了。

当蝉的头和脚都出来之后,那新生的蝉就仰着垂了下来,靠身体的重量,把长长的翅膀从壳内一点点拉出。

待翅膀快出尽的时候,新生的蝉用一对后爪钩住虫壳,稳住身体。然后,它翻身爬起,回到那只虫壳的背面。它静静地趴着,白色的身体和翅膀,慢慢就变成了深绿色。

然后，它张开翅膀，在蚊帐里扑腾着飞行。

他们把蝉抓住，在一只盒子里小心放好。

第二天早晨，晨曦升起的时候，它就会在他们的房间里鸣唱。

她带着对蝉的好奇，慢慢地睡着。

亲眼看过蝉的蜕变之后，她对蝉就有了更多的兴趣。

他们到树木园去，在林地里搜寻一小堆一小堆的新土，那是蝉蛹从土壤中挖掘出来的泥土。泥土下方，可以找到它们的隧道。

他们还在隧道的尽头处，找到一只小指般大小的蝉蛹。

天傍黑的时候，他们常常会坐在南面的阳台上，静听远远近近的树林里传来的蝉的歌声。

那是许多种具有不同叫声的蝉群的合唱。那声音高低融会，长短相和，或高亢，或低沉，或清亮，或雄浑，或长歌如号，或细吟如诉，充满着生命的激越和坚韧。

他们轻轻地呼吸，静静地倾听，细细地品味那群体合唱里的种种声音。

这时，他就觉得，那蝉群的唱声可以通过听觉给他传递一种力量，那是他的情感世界在这群体的鸣唱中所获得的一种关于信念的体会。

他相信，孩子也总会有一天得到与他相同的体验。因为，在她专注的神态里，他可以判断，这激越的蝉唱，引发了她的发自内心的童趣和遐想。

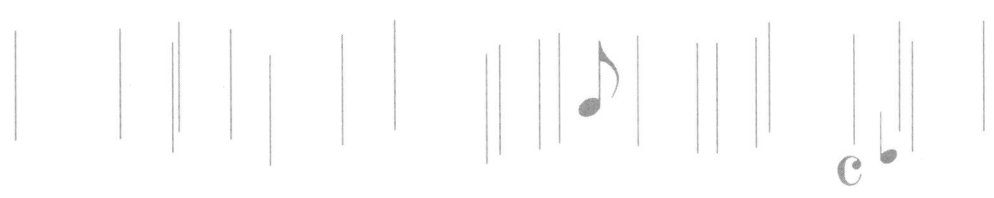

第四章

幼儿园时期（二）：体能、情感与梦想

宝贝，我们再跑一段

孩子四岁多的时候，他开始带她跑步。

不只是单纯地为了锻炼身体，同时也在锻炼意志和毅力。他深深地知道，意志和毅力，在人的一生中具有十分重要的意义！

童年的时候，他父母分居两地，母亲工作忙，没有时间管他。他野草一样成长，没有修剪，没有培植，在小镇上散散漫漫地长大。7岁随母亲被下放到农村，他才知道，相对于乡村的孩子，他是那样羸弱，身体差，晒半天太阳就会流汗虚脱。而他那些同龄的农村孩子，顶着夏天酷热的太阳，晒上几个钟头没有任何不适。而且，无论男女，他们的力气都比他大得多。因此，所有的体育活动和体力劳动，他都比别人差一大截。好在他的年龄还不是很大，他努力追赶了几年，才在体质和气力方面追上别人。并且，他增长了对意志和毅力的认识，坚持对自己的比较严格的要求，才得以一步步成长。也得益于自己的意志和毅力，在进入大学之后的岁月里，他可以持之以恒，连续完成了本科、硕士和博士学业，事业得以一步步发展。

他深深地知道，意志和毅力是人生最重要的素质因素，甚至超过智力的作用。因此，他要带着孩子，努力锻炼她的意志和毅力。

如果天气晴朗，时间允许，从幼儿园回家之后，他们就开始锻炼。

由于有经常性的野外活动，孩子的体能比较好，心性也比较强。

他们最经常的长跑，约有四公里的里程。从山顶公园出发，绕着学校的中心区跑一圈。

他们一路"赛跑"，他经常被女儿"落"在后面。

他大声"喘"着气，对女儿说："宝贝，你跑得太快了，爸爸追不上！"

女儿就会回答："爸爸，你快快追上来！"她保持着脚下的速度，快速地迈动脚步，用力向前跑。显然，"跑得比爸爸还快"，这样的结果让她得到了激励和成功的喜悦，让她有了更强的"向前跑"的信心和力量。

他稍稍追近，说："宝贝，我快追上来了！"她就会说："爸爸，你快快追上来！"说着，她加快了脚步，更用劲地跑。

他陪在她的身后，看着她红扑扑的小脸上挂满汗珠，但仍然快乐地跑，就觉得很高兴。她不是个怕累的孩子，她会越来越坚强，越来越有毅力。

爱默生说："强者容易坚强，正如弱者容易软弱一样！"从小，一个人就要打好强者的基础，形成坚强的心态，才能够持之以恒地追求人生的理想。

他追近女儿，对她说："宝贝，我们再跑一段就休息一会儿。"女儿喘着气，答应着，但脚步没有放松。

然后，他觉得应该慢一会儿了，就快步冲上来，抓住孩子的手臂，让她慢下脚步。他帮她擦去头上和身上的汗水，拉着她，行走一段，走过一个路口，或者一段比较复杂的路段，或者避让一辆开过的汽车。

然后，他们再开步跑，重新开始他们的"跑步游戏"。

他带着小小的她，在一个钟头左右，跑完那几公里的路程。这个速度并不快，比他自己步行的速度稍慢。从孩子的精神状况判断，他觉得速度和里程都比较合适。

有人说他太不疼孩子，小小的年龄，就跑那么远，那么艰苦。现在的生活已经不同，不需要像他年青时代那样的体力和坚持了。

其实，这样的看法并不正确。孩子是一个独立的人，总有一天要自己面对生活，要独立地面对生活的种种际遇，任何过分的呵护，都不利于孩子的成长。并且，激烈的社会竞争虽然不是拼体力，但要做好任何一项工作，都需要有坚持不懈的精神力量和良好的体能。

爱孩子，就应该让他们更坚强、更有毅力、更有体能。

在公园里，我们经常可以看到不少这样的带孩子玩耍的父母：一直跟在孩子旁边为他们打伞，一会儿叫他们喝水，一会儿拉他们到树荫下休息，一会儿让他们坐到旁边的凳子上，不让他们有一点点"辛苦"。

这样做，对孩子的成长肯定是不利的。许多成年人，大凡意志薄弱、缺乏毅力、缺乏独立性、心理不健全的，基本上都可以追溯到父母的溺爱和包办代替。

爱孩子，是天性，懂得如何爱孩子，是理性。

他爱孩子，他知道应该如何去爱他的孩子。看着女儿在他的前面奔跑，跑得红扑扑的小脸上挂满汗珠，喘着气还坚持着跑，他就满心高兴。

因为有了锻炼的习惯，从小学开始，孩子就能自觉地坚持在下午课外活动时锻炼身体，参加工作之后仍然能坚持每天运动，这对保持体能、保持健康快乐的精神状态、保持较高的学习和工作效率，都是很有意义的。

　　他一直认为，一个好的人生，第一重要的就是要有好的体能。有好的体能才能保持良好的学习和工作状态，才能应对日常生活和工作中的许多超常的负荷。

　　在学校里，孩子曾经多次在学校运动会获奖，虽然这样的获奖没有什么特别的意义，但却是体能良好的一个体现。并且，运动让孩子收获了比体能更重要的素质，那就是意志和毅力！

爸爸，我看见一只火球

  这一年的暑假，发生了一件让他们惊心动魄的事情——他们看到一个球形闪电，在不远处把一棵树劈开了。

  他们住的这个小山，雷电很多。夏季，乌云密布大雨滂沱的时候，常常会有闪电和很响亮的雷声。

  他们的住房靠近山顶，视野较宽。夏秋之际，下大雨乌云密布的时候，时不时可以看到山顶上方的放电，有时是在低矮的云层，有时就直接在高高的水塔顶上。

  8月的一个傍晚，他在厨房煮饭，孩子在客厅玩耍。

  正下着倾盆大雨，乌云压顶，天墨黑墨黑的。不断有闪电划开天空，时不时一阵响雷滚过，感觉得到脚下的楼板也在颤动。

  屋内的窗户和通向阳台的门，都关得严严的。这是一场少有的大雨。

  他时不时望望外面的大雨，希望它快些停下，这样下雨肯定会有水灾。并且，天空上方的放电和响雷，让人有些惊悚。

  他时不时大声叮嘱女儿，不要太靠近窗口。

  突然，他看见一个亮白的火球沿着一棵树迅速传下，在山顶的地面移动。

他立即意识到这是一个球状闪电，随后可能是一个巨大的炸雷。

他迅速奔向客厅，边走边叫："小女——"

他的母亲告诉过他，她在一所农村学校教书的时候，曾经遇到过球状的闪电。

母亲说，那是秋季开学前的一个下午，正下着倾盆大雨，教师们都在课室里开会。她坐得比较靠近门口，可以看到外面的情况。她看到一只火球滚过课室前的球场，随后一个炸雷响得惊天动地，课室里的几个教师都有短时间的晕眩。

现在，他也见到了这样的火球。稍后肯定会有巨大的炸雷，他怕雷声会惊吓到女儿。

刚走到客厅与厨房之间的那个门口，闪电就发生了。轰隆一声，光如耀日，一个炸雷裂开气层，震耳欲聋。脚下的楼板重重地颤动了一下。

几乎在同一时刻，女儿霍的一下扑了过来，抱着他的脖子，趴在他的身上，大声地反复地说："爸爸，我怕！爸爸，我怕！爸爸，我很怕！"

他用力抱住孩子，轻轻拍着她的后背，安慰她说："宝贝，不要怕，爸爸跟你在一起！"

响雷之后，他只觉得耳朵嗡嗡地响，大脑有点空。

女儿依在他的怀里，好一会儿才恢复平静。她用手比画着，跟他说："爸爸，我看见一只火球，这么大，在那棵树下。"

他说："宝贝，那个火球，爸爸也看到了。"

她说："炸雷，好可怕！"

是的，这个炸雷太响亮了，恍如天都爆裂了，所有的东西都爆裂了的样子！

他继续煮饭。

孩子拿了些塑料玩具到厨房来,在旁边搭建各种构造。

他对孩子说,闪电是一种自然现象,就像自然有风有雨一样,也有闪电。那个白色的火球,是一种球状闪电。

孩子问:"那,这个大大的响雷,也是自然现象吧?"

他说当然是的,所有的响雷都是因为闪电在空中放电才响的。就像我们拍一下手掌就有响声一样。

他告诉她,世界上所有现象的出现,都有它的原因。比如,打开水龙头,就有水流下来,是因为人们在水塔上储了水。水塔高,水管低,拧开龙头,水就会顺着水管流过来。

孩子指着山顶上的水塔,问是不是就是那个水塔。

他说:"对,我们用的水就是从那里来的。"

她再问:"那个水塔里为什么会有水呢?"

他回答说:"自来水公司用抽水机把水从河里抽上来,再灌到水塔里去的。"

世界上的事情,就是这样一个原因接着另一个原因,一个结果再导致另一个结果的。一个5岁的孩子,应该要有个概念,世界上的种种现象,都有其因果关系。

他说,闪电就是因为云里有电,有的云电势高,有的云电势低,高的就向低的放电。放电的时候,会引起空气振荡,就产生了雷声。

知道她还不能全部明白,但他想让她知道,闪电和响雷都是自然现象,不要被吓着了。

过了两天,他们看到,山顶上的那棵树枯了。

她问爸爸:"是不是那个闪电把树电到了?"

他说:"应该是的。"

她说:"老师说电会电死人,叫大家都不要玩开关。"

他说:"对!一定要听老师的话,不要玩开关。"

她说:"陈伟伟用棍子捅开关,让老师罚站了。"

他说:"陈伟伟不对,不能玩开关,会触电的。"

她说:"老师说下雨的时候不要站在外面,也会触电。"

老师很对,这棵树就是一个见证。

大海，我爱你

秋天，一个晴朗的日子，他们到了珠江口上的南沙天后宫。

那时天后宫还在建设的早期，从天后宫前方右侧下去，是完全没有修建过的海滩。

他们在天后宫的小山上玩了个把钟头，就从右侧的小路下了海滩，向外走了一段，来到一方很宽阔的、有许多大大小小的乱石块的海边上。

他们搬来许多石块，叠了一些房子和围墙，叠了些河流和桥梁，叠了些他们想叠成的形状。

他们开始扔石头玩，用一个石头，打远处的另一块石头。

他们开始漫无目的地丢石头。

他们到近海的地方，捡了一些贝壳。

他们惊起了一些小动物，躲在石头下方的螃蜞，和一些小蜥蜴。那些小动物跑得很快，瞬间就无影无踪。

巨大的乱石海滩只有他们两人。他们大声说话，不用担心会影响别人。

他用手拍干净孩子手上沾的沙子，拉她爬上一个大石头。他们坐在石头上，看着远处的大海，他跟她说小时候在海边玩的故事。

大概是6岁或者7岁的时候,他在海边玩,因为是退潮,海边有很宽阔的沙滩,沙滩上有许多红色的小螃蟹在活动。他一路追捕,慢慢就玩得很远。

后来海水涨起来了,把他困在一个礁石上。

女儿问:"海水怎么会涨起来?"

爸爸告诉她,大海每天都有涨潮和退潮,就是海水涨起来之后又退下去,退下去之后又涨起来。涨潮就是海水涨起来,原来有些没有水的地方会被水淹没;退潮就是海水退下去,涨潮时淹了水的地方又会露出来。

她问爸爸困在礁石上是不是等海水退了才回来。

不是,是一个大人把他抱回去了,那里的水并不深。

当然,如果他走得太远,没有来得及爬到礁石上,就很危险了。

所以,在海边玩的时候,要看看涨潮的水线,知道什么地方是最安全的。

那天应该是月初,中午时分海水退到了很远的地方。

他们从石头上下来,他带她走向海边,去看那道涨潮留下的水线。

他说,将来长大了,到海边玩,一定要先知道涨潮的水线在什么地方。退潮时,在沙滩上玩的时候,不要走得太远,也要经常注意海面的情况。如果海水开始涨了,就要赶快退到比涨潮线更高的地方去。

他们站在海边上,东南风迎面吹来,海浪扑上沙滩的声音,和打在海边石头上碎成浪花的声音,都很悦耳。

退潮留下的海滩很干净,不像高处的乱石滩。

他拉着她,说:"小宝,我们跑一会儿吧!"

她答应着，就在海滩上跑了起来。

然后，他们再反身折回来，迎着风跑。

他把双臂张开，扩阔胸膛，迎着风"啊——，啊——"地喊了几声。

她也学着爸爸的样子，张开小小的臂膀，迎着风"啊——，啊——，啊——"地大声叫。

跑了一会儿，他们停下来，稍做喘息。

他对女儿说："宝贝，我们对大海喊吧！"

女儿问："我们对大海喊什么呢？"

他说："喊'大海，我爱你——'"

他们面朝大海，迎着东南方吹来的海风。他们一齐喊："大海，我爱你——"

他们扯着嗓子，用力一遍一遍地喊。

他觉得心中是如此畅快！

在城市逼仄的空间里沉积的浊气，在工作和劳累中沉积的疲惫，在周边尔虞我诈中积集的厌恶感，都随着这样从心底呼出的喊声，消失得无影无踪。代之而来的，是一种清新，一种活跃的生命气息充满胸膛。

一阵愉悦感笼罩全身，他觉得有情感掠过眼眶。

孩子还在大声喊叫，她稚嫩的声音在空旷的海边传扬，率真，清澈，晶亮如珠。

他望着孩子，心里充满愉悦。

宝贝，记住，造物主播种在我们身上的所有宝贵的天性，情感和智慧，是要在我们与大自然的最直接的情感交流中，才能得到完全的萌发和成长的。

学了一种本领

这一年,孩子似乎长得特别快,刚进幼儿园的时候,她的个头与其他女生不相上下,但过了一年,她差不多是班里最高的女孩子了。

出生的时候,她的身高比女婴的平均身高少四厘米。没想到才到五岁,就明显高于别人了。

或者,这与他们经常在野外奔跑,在校园跑步有关?据说儿童经常跑有助于长个子。

原来的一辆小三轮车已经显得太小,他们给她买了一辆18英寸的儿童自行车。

那部鲜绿色的车子后轮两侧都加了一个L形的轴,装了一只小轮子。他觉得那轴和小轮子有点碍事,就把它们拆了。

看到爸爸在拆轮子,女儿说:"爸爸,没有小轮子,车子会摔倒的!"

爸爸回答说:"那轮子支承力小,你个子高,坐在上面,车歪了也会摔的。"

女儿说:"那怎么办呢?两个轮子的小自行车我还不会骑!"

爸爸对她说:"我扶着你,不会摔倒的。"

"你很快就可以自己骑了!"爸爸又说道。

他找来一根1米长的硬竹子，旗杆一样直直地捆在车子的座位后面。

孩子在前面骑车，他在后面跟着，用右手握着那根竹子，防止摔倒。

于是，他们不再天天跑步，有时就沿着跑步的那条路线骑车走一圈。

开头，孩子骑车的时候，他还是觉得手上的竹子有些受力，要经常用力摆正一下方向，才能保证顺利骑行。

很快，他就觉得手上的受力小了。她骑得越来越稳。

走几步他就松一会儿手，虚握着那根竹子，跟着车子走。需要的时候再用点力量矫正车身。

两三天时间，她就骑得比较自如，他手上基本没怎么受力了。他放了手，跟着她走，数着脚步。

走了二十多步，她还端端正正地骑着。

她自己骑了大概20米。他觉得非常高兴，这个距离，说明她已经可以自己控制自行车的平衡了。

他再虚握着竹子陪她骑了一会儿，过了一个稍稍有些凹凸不平的路口。

随后是一段直路，路面很平坦，右侧边上是铺得很好的人行道。

他放开手，站在原地，看着她向前骑。

她以为爸爸还在身边，一边骑车，还一边与爸爸说话。

走了十多米，他开始快步跟上。

大概因为说话没有得到回答，她扭回头，想看看爸爸。然后，她发现了爸爸没有跟在旁边，有些惊慌，车子向外一歪，就摔倒了。

速度很慢，车子只是歪在路边，她站在路边的人行道上，左手还拿着车把。

这是爸爸教过她的，车子歪倒时用脚站住，握着车刹。

她说："爸爸，你怎么不跟过来！"

爸爸快走了两三步，接过车子，对她说："对不起，爸爸没跟上！"

她的左脚给什么地方碰了一下，有点发青。

他用手指蘸了点唾液，在发青的地方擦了擦。

他问："一点点痛，对吧？"

她说："是，有一点点痛！"

他说："不要紧，回家用狮子油擦一下，明天就好了！"

他正了正车把，他们又重新骑车。

她有点不放心，时不时回头看爸爸有没有跟在后面。

他对她说："不要回头，不要分心，眼睛看着前方，全心全意骑车。"

她说："我怕你又放开手。"

他说："不要怕，爸爸对你有把握的时候才会放手的。你专心骑车，不要回头，就一定会骑得很好！"

她说："爸爸，你一定不要放手！我怕！我会摔倒的。"

他说："宝贝，不要怕，摔倒也不要紧的，摔几次，就可以自己骑车了。"

她说："我不要摔，会很痛的。"

他说："不会的，刚才摔了一下，不是也不怎么痛吗？"

她说："但我还是怕。"

他们到了一个羽毛球场。他放开手，跟在她后面，随着她沿着周边骑了一圈。

他对她说:"宝贝,刚才这一圈,我一直都没有扶过竹子,都是你一个人自己骑的。"

她说:"爸爸,你要跟着我,要扶着,我怕摔倒。"

他鼓励她:"不要怕,摔一下也不要紧。"

他们又骑了两圈,她把自行车控制得很好。

他决心要放手了,要她克服惧怕的心理。

在一个转角,他站住了,放了手,让孩子自己向前骑。

孩子骑着车,转了一个弯,又转了一个弯。再转过弯之后,她看到爸爸还站在对角上,一个慌乱,车子又歪倒了。转弯时车子很慢,她站着,车子倒在她的旁边。

她责备他:"爸爸,你怎么又不跟上来了!"

爸爸走过来,帮她扶好车子。

他蹲下来,一只手揽着她的小肩头,指着他原来站着的位置,对她说:"你看,爸爸在那里就站住了。你看看,从那里,到那里,再到这里,都是你自己骑的。"

她点点头。这明摆着,毫无疑问。

他继续说:"其实,我在前面一圈就已经放开手了,只是还陪着你走。你已经自己骑了一圈半了。你真的会骑车了,你真的可以一个人自己骑车了。"

他用额头蹭了蹭她的额头,对她说:"宝贝,你真能干啊,才几天,你就可以自己骑车了!"

她觉得很快乐,她知道自己真的会骑车了。

他让她重新骑上车,对她说:"现在,爸爸帮你动一下车子,就站到球场中间,你自己沿着四周骑。不要害怕,你已经可以自己一个人骑车了!"

她点了点头。他们再开始。

他帮她推动了车子,然后站到球场中间。她绕着球场,一圈一圈地骑。

他在场内不断地为她喝彩:"宝贝,你骑得很稳啊!你又骑了一圈了!你又转了一个角了!"

他突然想,这球场太小了,这地面太平坦了。他要让她在难度高一点的地方骑车。

他说:"宝贝,我们骑到运动场去。"

确认自己真的可以一个人骑车了,她也很高兴,他们就骑向学校的运动场。

运动场在一个山坡下方的低地里,400米的环形跑道是用沙土和煤渣铺的,不少地方被水流冲得坑坑洼洼。

他在她后面两三步远的地方,跟着她走了两圈,确认那些坑坑洼洼对她没有太多的影响,她绕一绕就可以骑过去。

几个大学生在运动场上跑步,大概觉得一个小孩子在跑道上骑车很有趣,从她身旁经过的时候,都会向她招手,"嘿嘿"地打招呼。

她望着他们,用"哥哥好"或者"姐姐好"来回答。回答的时候,小自行车依然稳稳当当,没有受到任何影响。

于是,他对她说:"宝贝,你自己骑吧!你自己一个人顺着跑道骑,我在旁边等你。"

他站到了跑道的边上,看着她骑车。

她爽快地答应了,自己骑着车子向前走。

他看着表,计算时间。

计时好几圈,她的速度都很均匀,每圈4分钟。

比大人步行稍快的速度。

直到天快黑的时候，在他的多次要求下，她才依依不舍地回家。

孩子学会骑车之后，他们运动的圈子就更大了。经常，他也骑着一辆自行车，跟在她的后面，在校园的许多好走或不好走的道路上一起骑行。

孩子问他："上幼儿园的时候，老师经常对我们说，要学会更多的本领。爸爸，会骑车是不是一种本领？"

"当然是一种本领啊！"他回答说，"很多人上班去远处做事，都是骑车去的啊，骑车就是一种生活的本领！"

她说："那我是不是学会一种本领了？"

他说："当然是啊！你学会一种真真正正的本领了啊！"

她展露出快乐的笑容，她更用力地蹬着车子。

他骑车跟在她的后面，继续表扬她："宝贝，你才5岁就学会骑车了。爸爸是高中毕业之后，十八九岁才学会骑车的啊！你多能干啊！"

她没有说话，但他知道，她的心里充满快乐。

这样的来自成功的快乐体验，会成为内心的一种力量，可以让人更勇敢地去尝试、去学习、去获得新的成功和新的快乐。

叶子与号角

他们来到了一个荔枝园。

那天有人来电话要他们研发的产品,要的量比较多,公司的两部货车都要出动。刚好司机因事请了几天假,公司只有他与两个年轻人在校。

他们刚学会开车不久。他不放心两个年轻人单独开车,便决定自己开一辆车,与两个年轻人一起送货。

因为是假期,幼儿园放假,孩子不用上学。

见爸爸要出门,孩子提出要跟着一起出去,于是他带上了她。反正只有100公里左右的路程,下午就可以回来。

10点多到了目的地,他把车匙交给那两个年轻人,让他们负责卸货和结账,告诉他们结完账后就到山边的荔枝园会合。

因要卸两车货和结账,有比较多的时间,他们就在园内到处行走观看。

他摘了一片荔枝叶,卷成一个筒。他用手指把叶筒小的一端捏扁,含在嘴里吹了吹,很响亮。

荔枝叶真适合做叶哨。

女儿抢着也要吹叶哨。他便再卷了一片叶子,捏扁了一端,从旁边的一株植物上折了根细长的木刺，穿过叶筒的底部，防止它松开。他折去了木刺的尖端，把叶哨交给她。

他指指压扁了的那一端，告诉她要竖着吹。以前也跟她说过的，不过还是提醒一下，这样的小事很容易忘记。

她放进嘴里，用力吹气。那叶哨响了一下，跟着就没有声音了。

她说："爸爸，它不好吹！"

他对她说："不要太用力，要轻轻含着来吹。"

荔枝叶结的叶哨吹起来省力。

她试了几次，吹顺了。她拿着它，一路走一路吹。

他也陪着她，长长短短地边走边吹。

她走着拍子，一轻一重，非常快乐！

荔枝园的围篱上，有一排生长得很茂盛的露兜树。这种植物我们通常叫它簕古。

簕古是一种草本植物，叶子很多，长带状，二指多宽，1米多长，从近地面的地方就一轮挨着一轮地密密长出。叶子的两侧和中脉都长有很多獠牙状的硬刺。那些刺很尖，不小心碰着，就会深深地刺进皮肉里。

据教科书说这种植物是一种活化石，其源头可以追溯到冰河时期。但是，今天他带孩子来看它，不是想对她说簕古的历史，只是想做一只号角。

他老家的村子，也有许多簕古，他们常常用它的叶子编号角。一两片叶子，就可以编成一只牛角一样的长号角。那号角吹起来"呜——呜——呜——"的，感觉非常好。

他拿着切纸刀，小心翼翼地把手伸进那些有刺的带状叶子组成的丛林里，小心翼翼地割下一片老嫩适中的长叶。

还是没把握好力度，叶子割断时，右手撞到了旁边的叶子，一个长长的尖刺插进了中指的皮肉，瞬间就流出了红红的血。

他放下割下的叶片，拔出了那根刺，用左手的拇指压着伤口止血。

女儿嘟着小嘴，对着伤口吹气，问他要不要紧，是不是很痛。

他对她说，不要紧，只有一点点痛。

他对她说，小时候，小朋友们经常会有些碰伤割伤红肿出血的，但大家都不在意，忍一忍就过去了。

人是需要有一种忍耐的精神的，遇到困难，遇到一些些小伤痛，不要太在意，咬咬牙就过去了。

一会儿，他放开手指，看到伤口旁边都已发白，已经不出血了。

他切下叶片的尾部，修去刺，背面对折起来，修成一个哨片，放在嘴里试了试，虽有响声，但不太满意。

他再小心翼翼地割下一片心叶，同样修去刺，背面对折，切成一个哨片。他试了试，声音响亮，便交给女儿拿着。

他把先前割下的那片长叶两侧的刺修去，再把中脉切除，得到了两片长长的叶带。

他从她手里拿回哨片，调好松紧程度，用长叶带一圈一圈地卷成一个长筒。一条叶带卷完了，再接上另一条接着卷。卷完叶带之后，他再用力旋了几下，让每一圈都紧密结实。他再调整了一下角度，一个牛角状的号角就编成了。

他从旁边的荆棘上折下两根长木刺，固定好叶带的最后一端，防止它自动松开。

他把号角交给孩子，让她吹。

她把原来那只荔枝叶的叶哨交给爸爸，双手接过号角，含着哨片，稍一用力,"呜——呜——呜——"的声音就发了出来。

籁古叶结的号角容易吹。不像荔枝叶卷的哨子,吹重了会不出声音。

他们吹了一会儿,两位叔叔就过来了。

他们到镇上的一个小饭店,准备吃午饭。

她想带着那只号角去吃饭。但爸爸对她说,饭店人多,被人不小心碰到,可能会碰坏。

她轻轻地把它放在座位上。关上车门时,她还叫爸爸抱起她,透过车窗确认那只号角没有滑落。

1点多钟,他们准备回家。车子开动的时候,她对爸爸说,路上就不要按喇叭了,都由她用号角代替。

爸爸说,好吧,不按喇叭了。

其实,平时开车,也是不太按喇叭的。

她一路吹着号角,提醒路人车辆:我们的车来了!

蒲公英的梦想

秋凉的时候，蒲公英开花了，在许多山坡上，都可以看到这种有着白色长绒毛种子的植物。

他们看蒲公英的那个山坡，是前一个星期三他出差在外面跑的时候发现的。那些天，在一个加油站旁的一块空地上，他看见有一株小小的蒲公英，花束上许多有着长绒毛的种子已经开始飘散，他突然就想起了曾经读过的一句话："小小的蒲公英也有一个远方的梦想。"于是，他就希望能带女儿去看一看蒲公英，最好是一片长满蒲公英的山坡。因此，出差开着车在外面走的时候，他就很用心地注意公路两旁的山坡，寻找蒲公英。

公路旁边是一道小溪，溪水淙淙地从山上的一个小水库流下来，清澈得可以看到水底的小石头。

小溪不宽，他一大步就跨了过去。

孩子走到溪边，左右看了看，对他说："爸爸，这小溪，我走不过去。"

他对她说："小女，你用力一跳就可以过来了。"

她并着脚站在小溪边，试了试，不敢起跳。

他说："跳吧，宝贝，以前我们都跳过一些小溪啊！"

她回答说:"这小溪太宽,我怕掉在水里。"

他站在溪边,向她伸出手。

他给她鼓劲:"按照以前那样跳,双脚一前一后,身体向前,双臂用力摆动,一跳就跳过来了。我在这边接着,不会让你掉到水里的。"

她扎好步子,试了几试,"蹭"的一下,就跳了过去。

他蹲下,双手托着她的脸颊,说:"噢,宝贝,你跳过来了,你成功了!"

她用力点头,很高兴。

他指着她落地的地方,说:"你看,你都跳到这里了,还怕跳不过吗?"

她点点头。

他说:"以前,你跳过的凹坑,有些比这个小溪还要宽得多,对吗?"

她说:"是的,但这里有水,我怕掉到水里。"

他并起手指,挨着她的小脸,上上下下快速地轻抚了几下,笑着说:"对于跳来说,有水没水都是一样的。是不是?"

她说:"是!"

他对他说:"要对自己有信心!我们再跳一跳吧!"

于是,他们就在溪边跳了几个来回。

因为有了经验,她跳得很顺利。

他对她说:"我们要相信自己的能力。相信自己有能力,这小溪就跳过了。如果你不相信,你就没有信心,就不敢跳。"

她说:"但是,如果小溪太宽呢?"

"是的,如果小溪太宽,就跳不过了。不过,这条小溪并不宽啊!并且,溪水很浅,即使没有跳过,最多也只是湿一下鞋子。"

他们往山上走。山脚是农人耕作的坡地，山腰上没有垦殖的地方，长有许多蒲公英。两三天前他曾来到这个山坡上，看到那些蒲公英的果实都成熟了，带着长绒毛的种子正在等待起飞。

拉着孩子走了一会儿，在一道田坎处，他一蹬腿就跃上了田埂。

孩子四周看了一下，迅速右转，从地头的一个斜坡绕了上来。

她没有叫爸爸拉她。她习惯了野外活动时，爸爸经常给她出的这样一些小难题，让她突然要面对一些困难。她习惯了找到适合自己的路径。

刚才那道小溪，是因为近处确实没有其他方法可以走过。如果不远处有一道小桥什么的，她肯定会迅速地绕着走过去。

山坡上，蒲公英大都成熟了，长长的绒毛最大限度地张开着。就等一阵合适的秋风，这些带着绒毛的种子就会脱离母体，在风中起飞，带着生长的梦想飘向远处。

他们摘下一个花枝，握在手上，在蓝天白云的背景下，欣赏那些长长的绒毛，以及那些黑褐色的种子。

她拿着一支蒲公英，他们一个一个地数它的种子："一、二、三、四……"

小小的，密密麻麻，藏在白色的绒毛里，数着数着就数乱了。

他们高高地把手里的蒲公英举起，透过光线，观察那些有着白色绒毛的小精灵。在微风的吹拂下，那些绒毛轻轻地抖动着——它们成熟了，它们向往着远方，它们想飞上天空……

这时，他就对她说了早些天他突然想到的那句话。

他说："每一个小小的蒲公英，都有一个飞往远方的梦想！"

他说:"蒲公英的种子成熟了,它们就要离开它们的家,飞到远处,去自己生长,去自己开花结果了。"

他说:"每一个孩子,都会长大,也都要离开家。"

她靠在爸爸身上,说:"爸爸,我不想离开家,我不要离开家!"

他说:"每一个有出息的孩子,都是要离开家的。你看,爸爸不是也离开爷爷了吗?"

她说:"但是,我不想离开爸爸!"

他轻轻握住她的小手,对她说:"你慢慢长大,就要读小学,读初中,读高中,读大学。到你读大学的时候,你就要离开家了!爸爸希望你到远处去读大学,读最好的大学。"

他们把那朵蒲公英放在唇前,抬起头,用力把那些有着白色长绒毛的小东西吹向空中。

那些小东西随着他们吹出的气流,高高地飞上了天空。那些白色的长长的绒毛,带着一颗小小的种子,在秋风的吹动下,越飞越高,消失在视力的尽头,融在天空里,融在淡淡的白云里。

他们沉浸在一种梦一样的意境里。

回过神来,爸爸说:"我们闭上眼睛,合上手掌,许一个愿吧!愿每一个小小的种子,都可以飞到它们梦想的地方,发芽,生根,开花,结果!"

他们闭上眼睛,合上双手,为那些飞出母体的小生命郑重祈祷。

他们继续在山坡上寻找。他们找到一支支成熟的小花束,用力吹起那些带着绒毛的种子,看着它们飞上天空。然后,再为它们祈祷。

愿所有的种子,都可以找到合适的土壤,都可以发芽,生根,开花,结果!

第五章

幼儿园时期（三）：理性的激励和发展

打水漂的道理

看过了蒲公英,他们从山坡的右侧下山。山下有一个小水库,他想带孩子到水边玩一会儿。

走了一会儿,他从一处田坎跳下。

那田坎可能有60多厘米的高度,孩子看了一下,不敢跳,便转向左,想从田头的斜坡下来。

父亲拦住了她,说:"不要走那边,你可以尝试一下,从坎上跳下来。先迈出左脚,右脚向外轻轻蹬一下,然后并拢双脚着地,就可以下来了。"

他给她做了个示范。

孩子伸出左脚,试了试,不敢跳。

他重新回到田坎上,对她说:"楼梯的那些台阶,你可以一步一级,一步一级地走下来,对吧?"

她说:"对!"

"比楼梯的台阶更高一些的,你也可以走了一级,下来,再走一级,这样走下来,对吧?"

她说:"对!"

"但是",她接着说,"这里太高,我不敢走下去。我会摔下去的。"

"是的，宝贝，太高了，脚不够长，不能直接伸脚走下去。但是，你可以尝试像爸爸说的那样，跳下来。"

她试了试，但还是不敢跳。

他觉得她还没有这样的经验，就带着她，走到左边的斜坡，让她练习。

那斜坡从高向低走，与地块形成一个直角三角形的边坡。

他们从矮处开始。

他给她做了示范——站在边上，伸出左脚，再弯下右脚，然后轻轻一跃，再并拢双脚站稳。

她学着。他们一下下地跳，一次次往更高的地方练习。

最后，她从最高的那个点稳稳地跳了下来。

父亲告诉她，小时候，他在山坡上放牛，常常需要跳田坎。一些不高不低的坎头，这样跳安全省力。因为右脚弯曲时，探出的左脚更接近了地面，实际跳的高度矮了一截。

父亲接着对她说："膝盖那样高的坎，我们弯曲一下膝盖，一伸脚就可以下去了。大腿那样高的，就可以用这样的方法跳下。"

她问："如果更高的呢？"

父亲说："如果是胸口那样高的，就要低低地蹲在边上，一只手撑着地面，双脚轻轻用力向外跃，同时手也用力撑一下地面，分一分身体的重量，就可以安全跳下了。"

他做了个示范。

孩子用手在额前比画了一下，说："如果这么高呢？"

父亲说："如果这么高，我们就另外找一个矮一点的地方跳下去。"

她觉得爸爸的回答很有趣，他们就笑了起来。

他们找了几个地方，让她练习用不同的方法跳下。她跳下来，他再把她抱上去，她再跳。

她练得很起劲，也很快乐。

是啊，他们快乐，因为他们在进步。

他希望她慢慢明白，对不同的问题，要采用不同的方法去解决。

他们下到了水库边，站在水边的斜坡上。

他们在水边洗了洗手，洗掉了手上黏着的泥土。

他对女儿说："小女，我们打水漂吧！"

女儿问："什么是打水漂？"

他捡了一块扁平的石头，右手握着，弯低身体，斜斜地向水面打出。

那石块平平地飞出，触到水面，弹了起来，向前飞了个抛物线，落到水面再次弹起，一连蹦了几次，最后在水面上划了一道长长的弯线，沉了下去。

他说："这就是打水漂。"

他找了一个扁平的小石块，让女儿用右手拿住。他拿着她的小手，让她把石块前端稍稍翘起。

他告诉她，打石块的时候，要让石块的前侧稍稍抬高，摆动手臂，手指用力，把石块旋转打出，就可以打成水漂了。

他说："你不要打太远，打到水边就可以了。"

她学着把石块打出，居然打了两个漂。

他说："宝贝，你真行啊，一下就成功了。有的人学很久都打不了呢！"

她很高兴，转身又去找石块。

这一次，只是漂了一次。

她觉得有点沮丧。

爸爸说:"不要沮丧啊,漂一次也是成功了啊!"

他随手捡起一个石头扔出去,"扑通"一声,那石头就沉入水里,一个漂也没有。

他说:"你看,爸爸也不是每一次都成功的啊!做所有事情都是这样,不可能每一次都成功,但坚持多做,就会越来越熟练,越来越容易成功了。"

他帮她捡了好多小石块。她又打了两次,一个漂了两漂,一个直接沉入水里。

他对她说:"小女,不要急着打。每一次成功之后,都要停一停,想一想刚才是怎样打的。不成功的,也要同样想一想为什么不成功。"

他接着说:"做任何事情都是这样,要想、要思考。想过了、思考过了,就有了经验,下一次做同样的事就容易成功。不想、不思考,无论做了多少次,都像第一次一样,不容易成功!"

她点着头,"嗯"了几声,表示明白。

他说,拿石块的时候,前面要稍稍上抬一些。如果前面低了,就会一下子插进水里。

他再次给她示范。

她就站在水边,专心地打起水漂来。她很投入,几乎每一次都可以成功地漂一两次,偶然也有漂三四次的。

她手上的力气还小,能打出漂来,就相当不错了。

打水漂,只是一种玩耍的方式,会不会打都没有什么关系。只是,想通过这样的玩耍,训练一下动手能力。同时,也要懂得,做事情不只是要动手,思考更为重要。

不懂得事后总结,就难有真正的进步。

记忆游戏

妈妈调回学校之后，下午幼儿园下课时，就由妈妈接她回来。

妈妈没有爸爸那么忙，接到她之后，会带着她在幼儿园里面玩耍，会接触她的同学和他们的家长。因此，她就常常会提到别人的孩子如何如何聪明，可以算术了，可以认字了，可以背唐诗了。她也想让女儿背诵一些唐诗宋词之类的东西。

过早地对孩子进行不恰当的教育，爸爸很不赞成。尤其是那些背诗认字之类的死记硬背。

他自己有很好的记忆力，无论是诗词歌赋、数学公式、物理定律还是电话号码，都可以记得很熟，并且长时间不会忘记。在单位里，有些同事就曾戏称他是"电话本"，因为许多联系电话他开口就可以说出。

但是，一直以来，他都是不赞成死记硬背的，尤其是让一个孩子去背记那些她还不可能懂的东西。

他说，不要与那些人比，不要记那样的东西，更不要追求那样的"很聪明"的表现。过早进行灌入式的"教育"，最终往往会适得其反。

他清楚地记得，他6岁入读小学的时候，别说认字和背诗，连十个数都数不过来，而他的不少同学，已经会做2位数的加减法。但是，中学之后，直至读研读博，在数学物理和语文这三类课程，他一直都是成绩最好的学生。

反而，有些教师的孩子，从小会很多字，很会算术的，学习却是一年不如一年。

其实，在孩子两三岁的时候，他就已经有意无意地进行了记忆力方面的培养了。从小公园、校园、植物园或者其他地方回来，他会经常要她回忆当时的一些细节。看到了哪些植物？某种植物的花是什么颜色？湖水里有什么动物？有什么事情特别有趣？这样的问题，可以激发孩子去回忆留在大脑里的一些比较明晰的印象，对记忆力的发展是很有积极意义的，因为记忆除了要记，还有一个重要的方面就是忆。忆的能力甚至比记还要重要，因为记下来的东西，必须能够回忆起来才有意义。有不少学生，把某个原理和公式记下来了，却在关键时候想不起来，这样的记就是白记，没有真正的作用。

女儿4岁之后，他就更注重开展她的记忆力的训练，当然也不是用死记诗词之类的方法，虽然他自己就很喜欢诗词。长期的观察告诉他，小时候经过死记硬背训练的人，会养成不良的记忆习惯，不利于学习能力的健康发展。

记忆必须先有理解，在理解的基础上记，才能够慢慢形成良好的记忆力。

最初，他训练女儿记忆力的方法是让她复述故事。他给她讲一个故事，然后就要她跟着讲一遍。

后来，他们买了一台VCD和一些儿童动画片。孩子特别喜欢迪士尼的故事片《狮子王》，经常自己开机播放。有一次他陪她看的时候，发现她已经背会了所有的台词。还有另外几个动画片，也基本熟悉了所有的台词。

他突然就有了主意，女儿可以看懂一些动画片的故事了，他可以用动画片来训练她的记忆力。这样，即使大人不在场，孩子自己也可以进行记忆力训练，通过理解故事去记忆故事的内容。

于是，他们就有了一个约定——做记忆游戏：她每天看一会儿动画片，晚上给爸爸详细讲动画片的故事，包括台词和角色动作，能多详细就多详细。

他们的许多活动，都称为"游戏"。他觉得，"游戏"两字最符合儿童的心理需要，也容易引起兴趣。如果他们把这个活动叫作"记忆训练"或者"记忆作业"，效果可能就不一样。游戏这个词，会让孩子在潜意识里认为，参与这个过程是在玩，是与爸爸一起玩，她的内心会很快乐，很乐意参加这样的活动过程。

他买回了迪士尼的《米老鼠和唐老鸭》《猫和老鼠》的全套动画片，共有几十张碟片。他觉得迪士尼的动画片不但内容健康，简单易懂，还富有趣味。让孩子看这些故事，记忆故事内容，不但有益于记忆力的提高，还有益于形成快乐、幽默和风趣的性格。

于是，每天从幼儿园回来，她就打开VCD看一集动画片，或者在电视里看一个动画节目，晚饭之后，就给爸爸讲述她看过的故事，学里面的人物动作和台词。

那个时候，除了教学科研，他还兼任学院院长，并兼管一个科技公司，一天到晚都忙得团团转。经常每天都要出差，很晚才回来，没有时间听她讲当天看过的内容。

有时，爸爸晚上9点多回到家，女儿已经上床睡觉了。听到他开门进来的声音，她就会说："爸爸，已经3天没讲了。"

他安慰她，说："宝贝，不要紧，你记住那些故事，我们星期天出去，你一起讲给我听。"

于是，常常就是这样，星期六或星期天，他们一起去植物园或者野外的一个比较宽阔的地方，她就把那些天还没有讲的故事，一五一十地向爸爸讲述，模仿动画片里的人物动作和台词。

有时候，孩子一下子没有记起某个细节，会说："我记不起它怎么说了。"

爸爸就说："宝贝，不要急，想一想前面，想一想后面，慢慢就会想起来的。"

她静静地想一会儿，很多时候，就真的想起来了。

有时候，他都觉得惊诧，星期一看过的故事，星期日还可以记得相当多的内容。他相信，在那几天的时间里，她一定多次回忆那些故事。这样做，对增强大脑记忆信息的再现和重新组织记忆的能力，是很有意义的。

有时候，他想，那段时间那样忙，经常好多天都没有时间听女儿讲述她看过的动画故事，反而会更有利于她的记忆力的发展。这应该是意料之外的收效。

他们这样的记忆游戏，持续了两年多，直到她进入小学之后。

倒霉的大灰狼

她很喜欢听故事，这应该是所有小孩子的共性。

妈妈给她讲的故事大都很规范，会对着书本给她讲一篇安徒生或者格林的童话故事，灰姑娘、丑小鸭、卖火柴的女孩、青蛙王子、白雪公主等，都是她喜欢听的。

但是，她更喜欢听爸爸讲故事。

爸爸不是拿着书本讲故事，因为他觉得那样太呆板。他小时候，父亲给他讲故事，就是随便躺在床上，或者坐在屋前空地的矮凳上。

他喜欢那样随心讲故事的方式。他给女儿讲的故事，不管是早已熟记在心的，还是刚刚看过的，都会离开书本，自由自在地讲。也有不少，是现编现讲的。

常常，在家里，他们就抱着膝盖坐在床上，跟她讲童话，讲阿拉丁与神灯，讲海姑娘，讲凿壁偷光，讲囊萤映雪，讲历史上的人物和事件，也讲她妈妈读过的那些故事。无论故事听了多少遍，她都听得很专注，很投入。

睡前，他会躺在她的身边给她讲故事，热天的时候，就拿个凳子，坐在她床边，一边给她扇凉，一边讲一两段小故事，让她在听故事的过程中，慢慢睡着。

在室外野外玩耍的时候，她也经常要求爸爸讲故事。这种时候，他大多就现编现讲，因为外面有许多有趣的东西，树林、池塘、小溪、田野，这些风景都可以进入他们的故事里，可以给故事增添更多的现实感和趣味性。

很多家长喜欢拿一本故事书给孩子读故事。这样读故事的方法，少了讲故事时的那种自由自在的氛围，翻书和看书的动作会分散孩子的注意力，影响孩子听故事时的专注和想象，会在一定程度上削弱故事的感染力，降低了情感调动的效果。

或者会有人说，脱开书本讲故事，或者现编现讲，这要求也太高了，没有多少人可以做到。

其实，把故事吃透了，加工成孩子听得懂的语言，加入情感元素，营造语言氛围，并不是很困难的事。一般来说，只要愿意尝试，就不会做不到。

编故事也并不像想象的那样复杂，用几只动物，或几个小朋友，编一点小事件，达到一个结局，十几句话，就可以满足小孩子的要求。但讲这样的故事时，一定要表现认真，精神融入，引导孩子去开展想象。

他给女儿编的故事大都很简单，但大多会有一个很有趣的结局，让她哈哈大笑，好一阵乐。他觉得这样有利于养成开朗的性格。

女儿5岁以后，他们讲故事的方式就多数演变成一起编故事了。

在外面玩耍，当她要求讲故事的时候，爸爸就要她参与一起编。

比如他开始：早晨，太阳公公才刚刚升起，小草上的露珠儿还在闪着光，小知了还在唱着早晨的歌，小松鼠、小青蛙刚刚起来洗脸，小白兔就吃过早餐，准备出门做事了。

太阳，小草，露珠和小知了，都是当时可以见到可以听到的景物，这样的故事很有真实感，更容易激发想象。

然后，他就问她："我们今天让小白兔去做什么呢？"

她就会参与进来：去采蘑菇，去摘菜菜，去河边提水，去帮妈妈拔萝卜，去给外婆送东西，带小兔弟弟去植物园……

有许许多多的选择，他们就确定，让它做其中的某一件事。

然后，它就会遇到一些困难，它想办法克服了困难，完成了工作，快乐地回家。

或者与一些友好的动物——小羊羊啊，小牛牛啊，小狗狗啊，一起做了些有意义的事，它觉得很快乐。

更多的时候，他们让小白兔遇到了它的天敌——大灰狼。聪明能干的小白兔总能识破大灰狼的许多骗局，总能巧妙地摆脱大灰狼的追赶，不但完成了工作，还想出了漂亮的办法，打败了它的对手，高高兴兴地唱着歌回家。

最让他们高兴的就是小白兔可以想出许多出其不意的方法狂扁大灰狼。

常常，她说："爸爸，又讲故事吧！"

爸爸就说："好吧，我们一起编故事好不好？"

她想了一想，就说："好吧！"

爸爸问："今天，我们编什么故事呢？"

她会说："还是小白兔与大灰狼吧！"

然后，他们就开始让小白兔在某个时间出门，出门的理由是他们商定的，出门的时间是他们商定的，出门的天气是他们商定的。

确定了出门的目的和时间，他们再商定过程，走了什么地方，遇到了什么动物。当然，最重要的，是要遇到大灰狼，这才是故事的主线，也是故事的精彩之处。

大灰狼往往是先用骗术，假装友好，企图蒙骗小白兔。但小白兔总能识破骗术，于是大灰狼凶相毕露。

然后呢？当然是小白兔机智逃脱，大灰狼紧紧追赶。

最后就是如何打败可恶的大灰狼了。他们会让小白兔想出各种方法，出其不意地把大灰狼打败。

小白兔打败大灰狼会给他们带来快乐。并且，大灰狼败得越狼狈，故事带来的快乐就越多。所以，他们尽量让大灰狼败得很不堪。

有时候，他们就首先商量好，让大灰狼如何被打败，有了一个让人发笑的结局，再高兴地回头去让小白兔出门。

有时，大灰狼会在追赶小白兔的过程中从悬崖上跌落深渊，从独木桥上滑进河里，会因为跑得太快突然被挡住了视线而撞在石头或树干上，或者被小白兔的尾巴、飞脚、木棒或者大萝卜打进深坑，打进水沟或者大江里，有时也被小白兔以各种智谋弄到树杈上、房顶上，或者高高的电线铁塔上。

这样的结局，有时是小白兔独自完成，有时是小白兔与其他小动物一起完成。无论过程怎样，大灰狼的结局总是狼狈不堪。

想想倒霉的大灰狼被摔得鼻青脸肿的样子，想想它被撞得晕头转向的样子，想想它在深坑里跳也跳不出来的样子，想想它在水沟和江水里让水淹了鼻子不断打喷嚏不断咳嗽的样子，想想它在高高的树杈和铁塔上吓得瑟瑟发抖的样子，他们就会开怀大笑，非常快乐。

编故事成了他们的乐趣，有时，即使不出门，他们也会在家里抽时间编一点故事，让自己快乐一番。

倒霉的，总是那只大灰狼。

编故事不仅可以给孩子带来快乐，对于价值观和性格兴趣的养成，也是很有意义的。特别是，编故事可以直接地促进想象力和思维能力的发展。女儿后来数学和物理学科及作文都学得比较好，他相信与他们经常编故事，有很大的关系。

劳动观念

女儿还未满两岁,他们就开始注意培养她的劳动观念。劳动是人一生中最重要的事情之一,有正确的劳动观念,能在劳动的过程中获得收获,获得快乐,是生命中最重要的心理质素。

劳动的含义是非常广泛的,从根本上说,读书学习也是劳动,是重要的智力劳动,如果一个人的劳动观念不好,甚至连上学读书都不会喜欢。

最早,孩子的劳动是整理自己的玩具。每天睡觉之前,她要把自己的玩具整理好,放回原来的地方。

稍后,早晨起床,她要自己收拾床铺。收床铺主要是叠被子、弄平小枕头。

看着女儿在床上来来去去把被子一点点弄好,用小手把枕头抚平整,他总会情不自禁地称赞,时不时地弯腰在她的头顶上轻轻亲吻一下,或者夸张地做一个亲吻的动作。父亲这样的表现对孩子鼓励很大,她知道爸爸赞赏她的劳动,她会从爸爸的赞赏中得到激励,得到劳动的快乐。

看着一个小小的孩子在认认真真做事,父亲的内心也充溢着巨大的疼爱和快乐。

请孩子帮忙也是经常用于培养劳动观念和劳动热情的方法，这样的方法很容易增强孩子做事的成就感，因为他们是在参与和帮助大人劳动。

在书桌边看书时，他会突然叫女儿："宝贝，过来帮爸爸拿一本书。"女儿高兴地走过来，按爸爸的指点，在书架里帮爸爸找书。当确认了爸爸需要的书之后，她便高兴地把书取出，交给爸爸。

完成了这个任务，爸爸会在她的小脸或身上轻轻地抚拍几下，恰当夸奖几句，她就会非常满足地回去，继续做刚才被中断的事情。

在厨房择菜的时候，他也会突然叫女儿，从客厅拿小凳子给他。她把小凳子搬过来，在爸爸的表扬中，带着完成任务的快乐，回去继续玩她的游戏。

还有许多类似的情况，只要觉得女儿可以做到的事情，他都会特意叫她前来帮忙，让她在这样的劳动过程中获得成就感，尽管请孩子帮助的过程，往往比自己做起来还要花费更多的时间。

在心理上，一个两岁大的孩子就有帮助大人做事的意愿，家长请他们帮忙做事，可以让他们在劳动过程中获得心理的满足，获得成就感和荣誉感，非常有利于劳动观念的养成。

有研究认为，让儿童做些他们力所能及的事情，两三岁是培养儿童劳动观念的最好时期，如果错过这个时期，他们参与劳动的意愿会越来越小。

三四岁，孩子就可以从事更多种类的劳动了。

前面已经提过的，孩子四岁多的时候，有一年左右，每天早晨都负责帮家里打牛奶。最初，这可能只是孩子希望同爸爸一起出门的理由，后来就把它当作了自己每天要完成的任务。即使是在寒冷的冬天，或者小小的雨天，也一概坚持，快快乐乐地完成工作。

在中班的时候，夏天和秋天的衣服就可以自己穿了，但冬天穿衣太复杂，直到大班还需要父母在旁边帮忙。

爸爸经常带着她到市场买东西。为了锻炼她，有些简单的购买就叫她做。

市场上有一个熟食摊，十六元一个的手撕盐焗鸡，味道很好，她很喜欢吃。带她一起买过几次之后，他就站在离摊位几米远的地方，交钱让她自己去买。开头，她还很胆怯，说话声音很小，还有点窘。但是，几次之后，她就慢慢克服了胆怯的心理。经常，跟爸爸在市场上购买东西的时候，她还会询问买不买盐焗鸡，如果爸爸说要买，她就请缨让她自己去做。

在市场里，跟着爸爸，她慢慢认识了大白菜、菜心、通菜、豆角、黄瓜、丝瓜、苦瓜、芦笋、葱、蒜和韭菜等平常蔬菜。

经常，在家里煮饭时，父亲也会特意安排她到市场去买些东西。市场离他们家很近，楼下一条巷子走一百多米就到。站在北边的阳台上，可以通过小巷看到市场的一个角。

每次，帮爸爸买东西回来，她都很快乐。这样的快乐，是完成任务之后的那种带有成就感的快乐。这对心智的其他方面的发展，也有积极的意义。

煮饭是后来学的，是进入小学之后，最早由妈妈陪着她，后来爸爸也经常在旁边指导她炒菜。

让孩子做家务的意义不在于家务本身，重要的是要树立正确的劳动观念。好逸恶劳的人肯定不会有太快乐的人生，因为人的正常生活总是与各种各样的劳动联系在一起的，好逸恶劳的人会经常处在怨恨和不快乐之中，会严重影响生活质量，甚至会因心理问题影响健康。

有正确的劳动观念，是人生的财富。热爱劳动的人，才能够体会得到劳动的快乐，才可能有真正快乐的人生。

从进入学校开始，人就要学习，就要工作，就要做各种各样的事情，如果没有正确的劳动观念，就会连正常的学习和工作都觉得烦躁。许多人读书读得很辛苦，智力因素只是一部分的原因，更大的问题可能在于劳动观念差，对学习（劳动）有抗拒，这样的心理状态是很容易让人烦躁和消耗体能的。不少人天天都抱怨上班很累，也不排除可能有这个方面的影响。

如果一个人的劳动观念正确，做起事情来就会心平气和，会在劳动中体会到完成工作的快乐，这样的情感体验可以抵消大部分的体力消耗。

劳动还可以增强一个人的自信心，增强一个人的独立性和进取精神。

心理学研究认为，一两岁的孩子就有了帮爸妈做事的愿望，三四岁就希望能参与大人的劳动。家长对儿童这样的愿望要积极扶持。他们在劳动过程中养成的劳动观念，劳动技能和通过劳动获得的成就感，对他们智力和心理的健康发展，是很有意义的。

社会上，慈母出逆子，勤快的父母培养出懒惰的孩子的现象，大多是父母大包大揽的行为造成的。儿童希望劳动的时候，如果不让他们劳动，劳动的热情就会慢慢熄灭，劳动的潜能也因为时间的过去慢慢衰减。

儿童教育研究表明，儿童的智能发展过程遵循潜能递减规律：如果儿童的某种潜能在应该得到激励的时候没有得到激励，这种潜能就会衰减。

最有说服力的是语言能力和行走能力衰减的例子。印度一个出生后就给狼衔去养的女孩，一岁半回到人间之后，被送到专门单位精心抚养和教育。但是，她一直无法学习行走，无法发展语言能力。当然，她的其他各种能力也都是无法发展的，尽管她的大脑发育与正常的儿童没有区别。

这是因为所具有的潜能没有在合适的时间得到激励，最后衰减到了十分低能的程度。

美国哈佛大学长达四十年追踪二百多名波士顿少年的研究发现，成人之后，在人际关系、收入水平、失业率方面，从小爱劳动的人都远远优于不爱劳动的群体。

劳动可以促进人的智力、心理调控能力、体能等方面的发展。在日常生活中，最直观的就是劳动可以增强人的独立性，减少依赖性，容易让人形成自我进取的性格。

对孩子的劳动观念的形成，家长们应该重视，但现在许多家长却往往只注重孩子的学习成绩之类表面化的东西，而忘记了要培养孩子对劳动的热爱。

从根本上说，读书学习也是劳动，是重要的智力劳动，劳动观念不好的学生，甚至连上学读书都是有抵触的。

爱劳动是人的一个非常基础的素质因素。

含羞草的秘密

学前班的那个秋天,爸爸带着女儿又一次去看含羞草。

校园北侧的一个山坡上,有一丛很大的含羞草。她用一根小小的棍子,从一侧开始,轻轻触动一个个枝条的叶片,静静地看着它们一片片合起来。

爸爸在旁边看着她,没有说话。

一会儿之后,她抬起头,望着爸爸,说:"爸爸,这些叶子,是叶柄弯起来才合上的。"

爸爸觉得很高兴,这也是他幼年时发现的含羞草的一个秘密。现在,女儿也观察到了。

他饶有兴趣地问:"它们是怎样合起来的啊?"

女儿用小棍子轻轻地碰了旁边的一个小枝条,说:"我碰枝条,叶柄就开始弯曲,然后上面的小叶子就跟着合起来。"

是的啊,它们正是那样,叶柄开始弯曲,叶子也开始合上,当叶柄弯到最低,叶片就全部合起来了。这个过程是同步的,协调的。

他饶有兴趣地让她继续示范,继续给他讲解。

他说:"看起来它们确实是这样,叶柄弯下去叶子才合起来。但是,是不是真的这样,还要我们去证明。"

女儿有点疑惑："怎样证明呢？"

爸爸对她说："我们的实验室里，你看到有很多哥哥姐姐在做实验吧？"

她点点头。

他说："他们就是要用实验去证明一些观察到或推测到的东西。"

她问："观察到的什么东西呢？"

他回答说："他们做的事情很复杂，无法一下子向你说明白。我跟你说一下富兰克林的故事吧！"

她问："富兰克林？"

他说："对，富兰克林，美国的一位科学家、作家和发明家。"

她高兴地说："嗯，我知道，老师说他发现了雷电。"

他说："是的，他发现了雷电。老师有没有说过他是怎样发现雷电的？"

她摇了摇头，看着爸爸。

爸爸说："他发现雷电的过程，其实就是一个观察、推测和证明的过程。"

她看着爸爸，点了点头，"嗯"了一声，期待他继续说下去。

他说："通过观察，富兰克林推断闪电是乌云放电的结果，然后就想办法证明他的推断。"

她问："他怎样证明呢？"

他说："他做了一个风筝，下大雨的时候，把风筝放到云里去。富兰克林拉着风筝的绳子，如果乌云上有电，电就会通过风筝的潮湿的绳子传过来。"

她看着爸爸，听得入神。

爸爸说："果然，乌云上有电。电随着潮湿的绳子传过来，他触了电。"

"触电？"她瞪大了双眼。

"是的，他触了电，但电很少，没有击倒他。他用这个方法，证明了他的推测，证明了乌云上有电，证明了雷电就是电。"

她"哦"了一下。

爸爸接着说："现在，你推测是含羞草的叶柄弯曲带动叶片合起来的，就要证明这是真的。"

女儿想了一会儿，问："那我怎么样去证明呢？"

爸爸也停了停，对她说："如果你问我：'含羞草的叶片为什么会合上？'我回答说：'因为它们的叶柄弯曲了。'你会继续问什么呢？"

女儿说："我会问：'如果叶柄不弯曲呢？'"

父亲伸出右手，并拢手指，在女儿的小脸上轻轻地拍了几下，说："对，宝贝！就是这样证明，不让叶柄弯曲，看看叶子会不会合上。"

她长长地"哦"了一声，似乎明白了一个重要的道理。

她兴致勃勃地想去做她的含羞草的实验。她想用手捏住一个叶柄，不让它弯曲。但是，它们弯曲得太快，并且，含羞草的枝条上有刺，妨碍了她的工作。

她说："爸爸，那些刺，它刺到我了。"

爸爸说："那我们去找一些没有刺的枝条吧。"

他们在草丛的边上找到了些缺少了刺的枝条。她开始动手做实验，想捏住一个叶柄。

但是，许多次，她都没有成功，还未等她捏到叶柄，叶子就合上了。

这时，已经接近黄昏，太阳快要下山了，含羞草所有的叶片都自动合了起来。

晚上，含羞草总是会合上叶片，到第二天上午才张开。

第二天，他们十点多钟就过来了。在上午的阳光下，含羞草的叶片全部都张开着，一丛植物显得十分茂盛。

她轻轻地碰触枝条，然后想用手指快速捏住叶柄。但叶子合得太快了，她动了枝条，还来不及捏住那个叶柄，叶子就弯了下来。

她对爸爸说："爸爸，它们弯得太快，我拿不住它。"

爸爸说："宝贝，其实，你不需要先碰那些枝条的。"

女儿想了想，说："对，我应该直接去拿住叶柄。"

她终于捏着了一个叶柄，那叶柄只稍稍弯了一点，上面的叶子基本上还保持着张开的状态，但枝条上的其他叶片，都合上了。

她蹲在地上，右手捏着那片叶子的叶柄，让它压在枝条上。

爸爸说："你放开手吧。"

她一放开手，那叶子立即就合了起来。

父亲说："宝贝，你成功了，你证明了是叶柄弯曲带动叶子合起来的。"

女儿说："但是，它又合起来了呢。"

爸爸说："一开头，你握着叶柄的时候，它没有合起来，就已经证明了。"

见女儿还是有些疑惑，爸爸就说："我帮你再证明一次吧。"

他用手指紧紧地捏着一个叶柄，用力把它掰了下来。因为捏得紧，那叶柄丝毫没有弯曲，叶子也完完全全张开着。

她用手指去碰那片掰下来的叶子。但无论怎么碰，那些小叶始终都张开着，对她的触碰没有丝毫反应。

他放开手,那离开了枝条的叶柄就迅速弯曲,叶片跟着就合上了。

哈哈,这就是含羞草叶子合上的秘密。

"爸爸,"她静静地蹲在那里想了会儿,突然说,"但是,我还是不明白,含羞草为什么要合上叶片啊?"

这确实是个大难题,生命里有许多"为什么",是人类至今都无法弄明白的。

想了一想,爸爸只好换了一种角度去回答她的问题。

他说:"含羞草合上叶片,是为了保护自己。"

女儿问:"合上叶片,怎样保护自己呢?"

爸爸说:"植物的一生,可能会受到许多伤害,比如动物会来吃它的叶子,狂风会把它们的枝条刮断。含羞草合上叶片之后,就可以减少这样的伤害。"

女儿望着爸爸,期待他继续解释。

爸爸说:"你看,含羞草合上叶片之后,是不是植物矮小了很多?"

女儿点点头,"是的,矮小了很多。"

它们的枝叶都向内收缩了。

爸爸说:"你看,它们合上叶片之后,整个植株的外层,就剩下许多的刺。"

女儿看了看,是的,许多刺裸露在植株外围,形成了很尖锐的一层。

爸爸说:"枝叶收回来之后,外面的这一层刺,就保护了植物,让牛羊之类的动物,不敢吃它。"

如果动物想吃它们,肯定是会让刺刺伤嘴唇的。

"同时",爸爸继续说,"植株变小了,在遇到台风的时候,还可以减少风力对它的伤害。"

后来,一次强台风之后,他们又去看了含羞草。

许多高大的树都被吹断了枝条,有几棵桉树被拦腰吹折,山坡上的小灌木,枝叶也受到不少损害。但是含羞草却是毫发无损,依然蓬勃地生长。

爸爸说:"含羞草遇到风吹草动就会合上叶子,这是它们生存的智慧。它们看起来很软弱,但这样的软弱,却蕴含着实际上的坚强。它们用这样软弱的表现保护了自己。"

有趣的鸟儿

有一天,女儿从幼儿园回来,突然就说要爸爸做算术。

她说:"树上有十只鸟,一枪打死一只,树上还剩下几只?"

听她提到十只鸟,父亲知道是幼儿园的老师开始教她们简单的算术了,并且用了这个很有趣的思维题目。

为了配合女儿,他就回答说:"还剩下九只。"

女儿说:"错了,爸爸!树上一只鸟都没有了。"

父亲佯装不明白,伸出十只手指,比画着,"打死了一只,不是还有九只吗?"

女儿说:"不对啦,爸爸!枪一响,那九只小鸟都被吓飞了啊!"

父亲"恍然大悟":"对对对,小鸟是怕枪声的,枪一响,它们就吓得飞走了。"

他们都笑起来,笑得很快乐。

这十只小鸟就成了他们算术的物件,配上形形色色的其他条件,让孩子开阔了思维,也带来许多快乐。

有时,走着走着,女儿就提议:"爸爸,再出十只鸟的问题吧!"

自从她出过十只鸟的问题之后,爸爸也给她出过十只鸟的问题,答案都出乎意料,她觉得很有趣。

他们的题目都有十只鸟，都让人用枪打死了一只。

答案却是屡屡不同。

有时，树上只剩下一只，就是死了的那只还挂在树上。有时，树上还有十只，因为那些小鸟是敢死队的，死了一个就有一个补上来。有时，树上还剩下一只，不是死了的那个，而是有一只鸟耳朵聋了，听不到枪响，或者这只小鸟儿胆子特别小，让枪响吓坏了，飞不起来。有时呢，树上那九只小鸟都还在，因为打鸟的枪是无声的，或者虽然是有声的，但那些小鸟都睡着了，枪声没有吵醒它们。

这形形色色的答案，都有出乎意料的让人发笑的理由，无论答对还是答错，都可以让他们很开心。

每次，她都搜索着思维想象种种会干扰答案的可能性。死的小鸟掉下来了吗？会不会还挂在树上？小鸟们是不是都很勇敢，不怕死？打鸟的枪是不是无声的枪？小鸟们是醒着的还是睡着了的？有小鸟会被吓得飞不动吗？小鸟们会不会是被罩在网里，飞不出那棵树？

如果是她出题目，父亲也会这样问她，但她也会用新的理由让爸爸的答案出错。然后，他们就会在那样的气氛中笑得很欢乐。

有时，小鸟们并没有歇在树上，而是停在平地，答案又有了新的扩展。

好有趣的十只鸟！

这十只鸟的问题，不仅有趣，还可以锻炼儿童的思维的广阔性和敏捷性，可以让他们扩充想象，是很有意义的智力活动。

重要的是，在每一次的问答游戏中，都要想法加进新的意料之外的合理性条件。

爸爸，我只是不乱花钱

一个人的健康的金钱观要从儿童时代开始养成。有健康的金钱观，不但可以抵抗金钱的诱惑，还可以养成节制的品性，懂得节约，懂得克制欲望。

孩子进入幼儿园之后，爸妈开始给她零花钱。

最初她的零花钱是每周1块钱。据国家统计局发布的数据，这一年全国职工平均月工资约为380元。

星期一一早，爸爸就把钱给她，让她把钱放在小书包的一个内格里，临时想买东西的时候可以方便拿到。

与幼儿园一路之隔的一栋住宅楼，一楼有一个小卖部，专门卖零食和玩具之类的儿童消费品。

第一天放学，爸爸陪她去了小卖部，看了一些东西的价格。他告诉她，如果星期一到星期五每天都买一包干脆面，一元钱就用完了。如果一个星期只买了三包，就可以剩下四角钱。

"剩下的钱还是你的，你可以积攒起来，用来买更贵的东西。"

那天，她买了一包干脆面。她小心翼翼地整理好找回的零钱，放回小书包的内格里。

她让爸爸吃一口干脆面。

她说很好吃的，小朋友们都喜欢。

爸爸没有吃，只是在她的前额上方做了个亲吻的动作，表示赞许。

那个星期，她只买了三次零食，其中两次是干脆面，剩下四角五分钱。

他帮她找了一个方形的小铁盒，让她装好那些零钱，放在客厅沙发的一个小抽屉里。

他对她说，每周省下的零花钱就积攒在铁盒子里，看看什么时候能把盒子装满。

第二个星期，他们再给她一元钱，依然叫她放进小书包的内格里。

她问爸爸能不能把这一元钱放在铁盒子里，留在家中，把上周剩下的零钱带着。

这当然可以啊！爸爸说："原来省下的零花钱和这一元钱，都是你的，怎样支配都由你自己决定。"

一天，孩子又买了干脆面。她让他尝的时候，他真的吃了一小口，才发现这东西真的很好吃，怪不得小朋友们经常买。

不过，也有的时候，她去了小卖部，站了一会儿，什么都没买就走了。他估计女儿可能是想买点什么零食的，但最后决定不买了。

女儿克制了自己想买零食的欲望，爸爸很高兴。克制欲望是人生最重要的美德，这样的习惯要从小慢慢养成。

仅两个星期，她就省下了一元钱。

有个星期四，女儿告诉爸爸，有个同学想买干脆面，借了她两角钱。

他问女儿，那个同学的爸妈是不是不给零花钱？女儿回答说不是，但那个同学喜欢吃干脆面，也喜欢吃牛肉干和巧克力，一买就买好多种，一下子就把钱用完了。

他问女儿："你觉得那个同学有钱就使劲花，没钱就借钱花，这样对吗？"

女儿接着就回答说不对，不要一下子就把钱花光。

他跟她说，那个同学的做法是不对的，我们不要那样做。

她问爸爸是不是不应该把钱借给别人。

想了一想，他回答说："如果同学要借钱买学习上的用品，你可以借。但是，借钱买零食，就不一定要借。"

女儿问："为什么？"

爸爸说："零食不是想吃就一定要吃的，并且最好能控制着尽量少吃。所以，借钱买零食，我们尽量不要支持。"

第二年孩子的零花钱提到每星期二元，进入小学时提高到每月十元，高年级时提到每月二十元，初一是每月五十元，初二初三是每月一百元。高中时女儿住校，家里每月给五百元，除了伙食费，每月的零花钱是一百多些。幼儿园的时候按星期给零花钱，小学之后改成按月给，是考虑小孩儿阶段自控力不够，每星期给钱有利于孩子慢慢学会节制。

除了在幼儿园放学的时候，她在小卖部花钱是爸妈看着的，其他的时间，都是她自己做主。

每年都有春游和秋游，除了按学校规定交钱，他们还另给她五十到一百元，供她临时零用。如果没用完，剩下的也归她所有。

平时她的日常需要，购买学习文具、交通费和电话费之类，都是家里负责，包括适度地帮她给小朋友买生日礼物。

女儿进入三年级的时候，爸爸为她开了个银行账户，把她历年的压岁钱和省下的零花钱都存了进去。历年的压岁钱之前都由妈妈保管着，把每年的红包夹在一起，锁在柜子里。

她也把平时积攒下来的钱从铁盒子里拿了出来。那些钱大部分都是十元二十元的钞票，但也有一百元面额的，应该是郊游的时候存下的。

爸爸问："郊游的时候你都不花钱吗？"

女儿回答说："花，但我带了零钱。"

他数了她的钱，觉得剩得太多了，平时给她的零花钱，相当部分都省了下来。

他说："女儿，你不要太节省啊，家里不需要你这样节省。我们工作，挣钱，为的就是可以比较自如地用钱，买自己想要的东西。"

女儿说没有什么特别需要她自己买的，水果零食饮料，家里都不缺，偶然跟同学一起买点吃的喝的，也用不了多少钱。

爸爸和她一起去了银行，把她的压岁钱和省下的零花钱合在一起，补上差额，存了个二万元的三年定期。

爸爸对她说，满三年的时候，她这二万元会变成二万二千多，银行会付给你利息。

不久，他们搬了家。她有了自己独立的房间，书桌有了可以上锁的抽屉，她的压岁钱也交给她自己保管了。

六年级，因为发表了文章，她第一次收到稿费，十五元。爸爸陪她到邮局取回了钱，加上她抽屉里的压岁钱和平时的积攒，以及他对她发表文章的奖励，再存了个一万元的定期。

六年级，她参加全国小学生数学奥林匹克竞赛，获得了二等奖。她妈妈拿证书到广东实验中学（省实）初中部，想让她初中时到省实读书。学校当时就答应了，并且因为有这个奖，不用交跨区入学的三万元择校费。

也就是说，她的这个奖励值三万元。

他们给她存了三万元，作为这一个奖项的奖励。

爸爸跟她说："不是要用钱来奖励你，只是想让你看到，学习好的价值。"

爸爸告诉她，上一年，国家职工的平均年收入，也只是一万多一点。

小学毕业，她自己的存折就有了几万元钱。

爸爸对她说，读大学的时候，再慢慢把钱取出来用。

高二的时候，她获得了国外的全额奖学金出国留学。奖学金囊括了预科和大学期间所有的学费、住宿费，医疗保险和生活费，以及出发去学校的机票费用等。

大一，在家过暑假的时候，她花了一千六百多元钱，做了一件漂亮的汉服。她说，有几个中国留学生朋友，约定在一些传统节日，一起穿汉服。

这大概是她手上花的数目最大的一笔钱。

她读大二的时候，爸爸和她一起查了她奖学金存折的账单，发现有相当的剩余。爸爸心疼她，说："小女，你一个人在国外生活，不能太节省啊！"

她回答说："爸，我并不是太节省，我只是不乱花钱。"

是的，她对自己的评价很准确。她从小就知道节制，不会跟别人比吃比穿，不摆阔，不乱花钱，但也不吝啬。他知道她还借了不少钱给她的少年时代的朋友，她说："她们大学毕业有工作之后，会还给我的。"

爸爸很欣慰，这就是理想的金钱观：懂得节制，能把握尺度，不会视金钱如粪土，但也不把金钱太当回事。

第六章

小学时期：养成学习的兴趣和习惯

上小学了

进入小学读书,是一个很重要的标志。这个标志意味着孩子将要告别无拘无束的童年时代,进入系统学习和理性成长的阶段。

开学第一天,爸妈一起把她送到课室。

他们的小学就在校园里,是大学的附属小学,主要招收本校及附近几个科研单位的职工子弟。

学校离家比较近,只有六七百米的距离,从家里出发,翻过一个山坡,在山坡下过一条校内公路,再走一段路就到。

这路程对一个七岁的孩子来说并不远,且是校内道路,来往车辆和闲散人员都不多,安全比较有保障。并且,让孩子自己上学放学,也是慢慢锻炼独立性的需要。尽管有些家长还是天天接送孩子,但他们除了第一次上学之外,平时都让孩子自己走。

孩子早上七点出门上学,中午回家吃饭,下午两点前再去上课,五点半左右下课回家。

这样,比她在幼儿园的时候,家里的事情就要多了一些,要为她准备午饭。在幼儿园,她中午是不回家的。

因为"到学校可以学到很多知识",她喜欢上学。早上和下午,她上学都很自觉，基本不需要催促。

下午放学回到家里，她做的第一件事就是拿出课本和作业本，坐在她的小桌子前赶做作业。这也是爸妈对她的要求，学校的作业要第一时间完成。

每天，她都争取在吃饭前把作业赶完。有时，家里把饭菜做好了，叫她准备吃饭时，如果她说"还有作业，要再等一会儿"，大家就配合她，等她做完作业再吃饭。吃饭迟一点无所谓，但孩子完成作业的热情是要支持和鼓励的。

孩子那样自觉做作业，爸妈都觉得很高兴，说明她已经把学习当作了一项重要的事情。

在家里，他们要求孩子每天的作业一定要当天完成，未完成作业的时候不能做别的杂事，但完成作业之后可以随意做自己想做的事情。这可能也一定程度上激励了孩子去尽快完成作业的意愿，因为完成作业就可以自由支配时间。

孩子做作业虽然有点赶时间，但完成的质量都不错，都是"优+"的评分。

吃饭的时候，谈话的内容依然是围绕她的学校生活展开。询问当天在学校里发生的趣事，总是最开头的话题。她会回忆在学校里遇到的有趣的事，快乐地与爸妈分享。

学校每天都有些事情很有趣。某同学回答问题牛头不对马嘴；某同学回答问题很滑稽；某同学迟到进课室的时候做了个什么样的鬼脸；某同学唱歌恶搞歌词；上课时一只蝴蝶飞进课室，很多同学用书本拍打，但写黑板的老师却毫不知情；课外活动的时候做了什么游戏；做游戏的时候发生了什么事……

琐琐碎碎，但她说起来都饶有趣味。

有时，他们也会谈论她当天在学校里学习的内容。她会仔细回忆，告诉他们她当天上的课，学过的一些新内容。

这一类谈话，在她上学的日子，基本上都是每天必有的内容。到了高中，她住校了，给他们谈学校生活的趣事就只能在周末回来的时候。

他们喜欢分享她在校园里的快乐，也更为她喜欢校园生活高兴。

喜欢校园生活，才会喜欢学校、喜欢学习。

家长会的意义

女儿入学第一周的星期五下午,爸妈都来小学参加了新生家长会。

先是在礼堂里集中,校长介绍了学校的一些情况,要求家长配合做好工作。然后,家长到各班的课室,由班主任介绍任课教师和班级情况。孩子们都到操场上自由活动去了,课室让给了家长。

这不是他第一次参加女儿的家长会。从女儿进入幼儿园开始,她的所有家长会他都参加。无论多忙,他都会排出时间,全程参加。

在家长会上,不一定能得到多少真正有意义的信息,但他要求自己一定要参加孩子的家长会。他不是很在意家长会的内容,但很在乎家长会的形式。他认为参加家长会是一种表示珍爱和重视的方式,是对孩子学习和成长过程的参与,也是自己的情感需要。

开过家长会,他到小运动场上找到女儿,与她一起回家。

路上,许多孩子都是跟家长一起,一路走一路快乐地说话的,但也有一些孩子,依然是一个人孤单走路。他似乎可以在那些孤单行走的小身影里看到落寞。

这样的落寞,当然相当程度的原因是没有家长前来参会。他们小小的心灵里,会产生一种不被重视的失落。这样的心情,对孩子的学习和生活,可能会产生无形的影响。

所以，他一直把参加家长会当作最重要的事情来安排。他要孩子知道，爸爸是何等爱她，是何等重视她的学习，是何等期望她会在学校的学习中成长成为一个优秀的学生，成为一个有作为的人！

因此，从女儿进入幼儿园，到小学，到初中，到高中，所有的家长会，他一次都没有缺席。孩子二年级的时候，他被派往北京脱产学习一个学期。但非常幸运，那次学习是开学后第三周才过去，学期没结束就回来了，并且十月底还因为学校的公事回来过一个星期，女儿那个学期的三次家长会，他都没有缺席。

女儿的家长会，她妈妈也基本参与了，只有三个学期无法参加，因为在外面进修。

在班里开家长会，都是坐在自己孩子的座位上，他与她妈妈就只能有一个人有座位了。有几次，他是站在课室里听完会的。但更多的时候，有一些家长没有来参加会议，他就坐到他们的空位上去。

女儿出国留学之后，海外的大学就没有家长会这样的事情了，但女儿在海外的毕业典礼他也是参加的。看到她在名校里穿上学位服，登台领取学位证书，还获得奖励和表彰，他的内心充满喜悦。

让作业有趣

一年级的校园生活，很快就结束了。孩子的成绩中上水平，在五十多个同学中，排在十名左右。

他不很在意孩子的成绩和排位。他觉得小学阶段无须太在意成绩这样的东西。重要的是让孩子喜欢学习，养成良好的学习习惯。所以，他一直很注意孩子对学校和学习的感受，包括在平时的交谈里，也都是往这个方面引导她的思想。

一年级的那个暑假，数学老师布置了一道家庭作业：在假期里，每天由家长出三十道两位数加减法的题目，学生做完后，家长检查。如有错误，由学生改正。

这是什么作业啊？五十天的暑假，一千五百道题目！这样日复一日的机械重复，可能会大大影响孩子刚刚培养起来的学习兴趣。

怎么办呢？

第一，他必须支持老师的工作。即使有抱怨，他也不能在孩子的面前批评任何老师，这是原则。因为孩子尊敬老师，才有可能学好课程，如果孩子对任课老师印象不好，可能会影响对该门课程的学习。因此，他必须按老师的要求，每天给孩子出三十道题目。

第二，他不能让孩子在做题的过程中觉得单调，觉得无趣。孩子上学以后，他一直注意营造气氛，让孩子感受学习的快乐。每次，他给她检查作业时，总会想法引发一些笑声。如果作业有错，叫她改正时，他总会用一些趣味的语言来提醒她改正，不会批评或者命令她修改。因为那样可能会影响学习兴趣。

比如，八加六她错算成十五了。检查作业的时候，他可能临时会说："宝贝，你想一下，树上有八只小鸟，再飞来六只，怎么就有十五只了？"孩子再算了算，就说："哦，是十四只，我算错了！"他会说："可能是另一棵树上的一只小鸟笨笨地飞过来凑热闹了？"然后，他们就会想象一下场景，会哈哈地笑一下。

这样，孩子坐下来修改题目，心里还是快乐的。如果批评她不小心，不认真，可能孩子修改答案的时候，心里会不愉快。学习上的不愉快情绪，如果日积月累，可能会慢慢产生消极情绪，影响学习。

面对这一纵贯五十天每天三十道题的家庭作业，他想了个办法，既要每天做三十道题，也不能因为单调无趣而影响学习的乐趣。

他在家里的电脑上编了个小程序，可以随机出三十道两位数的加减法的题目，让孩子从键盘输入答案，由电脑判断对错。

如果输入的结果不对，电脑会显示"噢噢，你算错了啊！"让她重新输入结果。如果算对了，电脑就显示"你做对了！"然后再出下一道题。如果接着又对了，电脑就显示"又做对了！""好！连续做对3题了！""好！连续做对4题了！"等等，直到"你真棒，连续做对了30题！"做完三十道题之后，电脑统计反馈做作业的对错的情况，计算和显示分数，并且把题目和输入的答案都保存在一个文件里，方便检查和打印。

每次显示题目、显示做对或做错的时候，电脑会发出不同的声音提醒注意，防止沉闷。

做完三十道题目之后，电脑会让孩子选择启动一个小游戏，玩一会儿。

这样，一个假期，每天三十道题，孩子都做得饶有兴趣，并且，还对电脑的"神奇"产生了极大的兴趣。

在提醒孩子学习的时候，他一直都用"我们"这个词，如："宝贝，我们学习吧！""小女，我们看书吧！"用"我们"这个词，是想让孩子觉得，她不是一个人在学习，爸爸和她在一起。

要快乐地做作业，快乐地学习，这是保护学习热情培养学习兴趣的有效保障。如果不注意这些涉及学习情感的因素，经常用强制的手段让学生学习，或者用抄写作业之类的事情来处罚学生，就可能会使学习的兴趣日渐退减。

又学会了一种本领

1998年8月，长江洪水，湖北某地溃堤，一个年仅7岁的小女孩抱着一棵大树，在漫天的洪水中坚持了9个小时，最后被武警战士救下。

他是在外面吃饭的时候偶然看到这个新闻的。

他们家是基本不开电视的，觉得看电视挺浪费时间，也会影响孩子的学习和玩耍。因为他们的房子就那么一点点大，开了电视就三个人都无法学习了。

碰巧那天在外面吃饭，他看到了那个小女孩的新闻。

小女孩在滔滔洪水中紧紧抱住树干的镜头让他深深震惊，他马上想到，应该带孩子学游泳了！

九点多钟他回到家。孩子刚刚躺下睡觉，听到开门的声音，便叫了一声："爸爸！"

他应了一声，然后对她说："宝贝，我们明天早上去游泳。"

女儿说："但是，我还不会游泳呢！"

他说："是的，你现在还不会，但过几天你就会了。"

他给学校后勤处的熟人打了个电话，问清楚了办游泳证所需要的材料。学校游泳池只对内部人员开放，需要先办好游泳证再凭证购票进入。

第二天早上六点钟，学校游泳池还没开门，他们就到了。等了一会儿，他们办了游泳证，购票进入游泳池。

孩子还是第一次到游泳池。他心里想，带她做过那么多运动，却还是第一次带她游泳，确是有点疏忽了，好在早一天正好看了那个电视新闻。

他在更衣室里换了泳衣。这件泳装短裤还是三年前在北海开会时买的，但临时因有别的事情，没有时间下水，今天还是第一次用上。他觉得这种双层有条纹的泳装短裤，挺符合一个中年男教师的穿着，大方，得体，符合在学校游泳池这样有学生也有同事的环境。

他在水龙头下从头到脚沐浴了一遍，便走到泳池边，等女儿。

女儿也出来了，全副武装。粉红色的泳帽，浅棕色的护目镜，连衣短裙式的红色泳衣，很天真可爱。这套行头是妈妈跟她到海南旅游的时候买的，不过她并没有真正下水游泳，只是穿着在海边玩了一会儿水。今天，这套泳装算是真正用上了。

走过消毒池，他们来到池边。他想带孩子从旁边的扶梯下水，但孩子却不肯下。她说："爸爸，我怕！我怕！"

以前他们叫她不要擅自玩水，幼儿园和小学的安全教育，也一直强调水的危险性。这样的印象在她的大脑中可能太深刻了，她真的很怕水。

他必须打消她的害怕心理，否则，她根本不可能学游泳。

他蹲下来，对她说，对于不会游泳的人，水确实不是什么好玩的东西，但对于会水性的人，水就一点都不可怕。

他说："你不会骑自行车的时候，在车子上总是怕摔下来，但会骑车之后，车子根本就不会摔了。并且，还觉得骑车很好玩。是不是？"

他告诉她："爷爷的水性很好，在中山工作的时候，有一次他坐的渡船沉了，他救了十一个人。"

她知道中山，爸爸带她去过几次，参观过孙中山纪念馆和其他一些景点，告诉过她爷爷年轻时在这里工作过。

她说："爷爷好厉害！"

他说："是的，爷爷好厉害，因为爷爷会游泳，水性好。如果爷爷不会游泳，渡船沉了，他不但救不了别人，自己也只能等别人来救。"

他跟她讲了早一天在电视里看到的那个小女孩的故事。他说她才七岁，但因为会游泳，游到了大树边，抱住大树，坚持了九小时，一直等到解放军叔叔来救她。如果她不会游泳，肯定就给洪水冲走了，不知冲到哪里去了。

她点头，表示赞同。

看她有些动心，就问："宝贝，你想学游泳了，是不是？"

她说："是！但我害怕！"

他说："不要害怕，爸爸教你学游泳，爸爸带着你学。"

他说："爸爸虽然没有像爷爷那样一次救过十一个人，但爸爸的水性也是很不错的，也曾随手救过溺水的孩子。"

她问："你是怎么救他的呢？"

他说："那是我十岁的时候，一个孩子掉进了水塘，在水里扑腾，我跳进水里，把他推到岸边。"

为了让她放心，他到深水区里游了一会儿，让她看着他在水里自如地来来回回。他对她说，水虽然很深，但对会游泳的人来说，多深的水都不在话下。

花了好大的气力，女儿终于愿意下水了。他把她带进了浅水区。

女儿双手勾着他的肩膀，双脚勾着他的腰，趴在他的身上，大声叫："爸爸，我好害怕！我真的好害怕！"

她的叫声吸引了很多人的注意，有不少人看着他们笑，可能觉得这个小女孩的表现有些夸张。

他站在浅水区，蹲下身体，让水漫到腰部。他把她抱在胸前，拍着她的后背，说："不要害怕，有爸爸在这里，你还有什么要怕的呢？"

他说："现在，爸爸带着你，在水里走一会儿。"

他让她就那样趴在身上，在泳池里走了一会儿。

他说："就像在地面上走路一样。"

她渐渐不再紧张。他站在浅水区，让她慢慢伸开脚，逐渐把她放下来。

他说："你伸直脚，你可以站到池底的。"

她试探着伸直双脚，她终于慢慢地探到了池底。

她说："爸爸，我还是怕！"

爸爸鼓励她："不怕，拉着爸爸的手，我们就可以像走路一样在游泳池里走。就像刚才爸爸抱着你走一样。"

于是她拉着爸爸的手，跟着爸爸在浅水区走。

她敢走了，她不再叫喊害怕。这是一个不错的进步！

爸爸说："往深一点的地方走。"

他们又走了一会儿。

他问："宝贝，现在不怕了吧？"

她稍迟疑了一下，点了点头，轻轻地答："不怕了！"

他知道她还有一点紧张，但他相信她能够克制害怕的心理。

他带她再回到浅一些的地方。他让她双手握着他的一只拳头，慢慢把双脚收起，浮在水中。

然后，他拖着她，在池里走了一会儿，让她体会浮在水里游动的感觉。

他问:"宝贝,好玩吧?"

她说:"好玩。"声音不太大,但很清楚。

他知道,她不再害怕水了。

他说:"宝贝,继续握着爸爸的拳头,我带你到深水区。"

她说:"好,爸爸!"

他让女儿握着他的右手,带着她,一只手划水,慢慢游进深水区。

到了深水区,他把左手也腾了出来,一双手分别握着女儿的两只手。他双脚踩水,停了一会儿。

他问:"宝贝,很好玩,对吧?"

她说:"嗯,好玩!"

他们到了泳池的尽头,再折回浅水区。

在浅水区,他让女儿放开他的手,自己站在水里。

她可以自己站在水里了。

歇了一会儿,他让女儿再握着他的一只拳头,他们再慢慢游向深水区。

两三个来回,女儿的手不再那么用力,显然已经比较放松了。

就一个上午,他们很有收获。孩子从非常害怕下水,到不再怕水。

下午,游泳池开门的时候,他们又来了。

他继续让女儿拉着他的手,在浅水区行走。

开头,孩子靠得很近。后来,他慢慢伸长手臂,让孩子离他远一些,再远一些,直到他们都伸直手的距离。

他再让孩子握着他的手,带她进深水区,像上午一样,游了几个来回。

晚上,他给她讲故事,讲他小时候在河里摸鱼摸虾和追逐游戏的趣事。

他跟她讲了在洪水中，他游泳回学校的故事。

他跟她讲了洪水漫过河岸，漫过田野，他泅水到对岸，潜到水底，拔花生的故事。那些差不多可以收获的花生，在水里泡四五个钟头就会腐烂，所以胆大水性好的男子会游过河去拔花生。不过，敢游过洪水去拔花生的人，全村只有三四个。

女儿听得很入神，对游泳有了很大的兴趣。

第二天早上，他们依然是最早进入游泳池的人。

他们下到水里。他陪着她，让她自己在浅水区行走，他在旁边跟着。

他们从最浅的地方开始，来来回回，一圈圈地向水更深的地方走，直到水浸到胸口的位置。

水浸到胸口的位置是个分界线，这个位置，人们身体里的大气泡——肺部正好浮在水面。再深一些，水漫过胸部之后，不会水的人可能会因身体向上浮，站立不稳，淹没在水里。所以，一米二三的水可以淹死一个一米五六的大人。

他有过这个方面的经验。在村里，有一次，一个比他小一点的男孩，就是在水淹过胸的地方，突然就立脚不稳，仰着头斜斜地淹在水里半浮半沉地挣扎。大家都觉得那家伙很奇怪，傻乎乎地看着他在水里乱动。他突然觉得那男孩真的在喝水，就过去拉了他一把，让他站住了脚。不过，男孩已经喝了好几口水了，站在那里一直咳。

肺沉到水面下方，浮力的作用会让人站立不稳，浮了起来。并且，脚离地之后，不会游泳的人就很难把脚再伸回地面，就会半浮半沉地被淹着了。

他怕女儿也会出现站立不稳的情况，不让她往更深的地方走。怕她万一没站稳，呛上几口水，就会真正害怕水，再也不愿意学游泳了。

走了一会儿，他让女儿站着，看他怎样用双脚轮流打水花，让身体浮起来。

示范了一会儿，他让女儿握着他的手，学着用双脚打水花，让身体浮起来。

这个浮着的感觉是需要掌握的。但是，女儿却打不起水，双脚一直都无法高出水面。

想了想，他把女儿带到泳池边，让她双手扶着池边，学着用双脚打水。

女儿扶着池边，双脚努力运动，但就是浮不到水面。

这是因为太紧张，胸部和腹部的肌肉太紧，身体无法放平。

他叫她放松心情，舒坦身体。然后，他轻轻托了一下她的脚。

她双脚触到了水面，打了几次水。

他说："好，就是这个感觉，放松身体，就可以浮起来了。"

试了一会儿，孩子可以打水了。

这样，打一会儿水，休息一会儿，一个上午，她在水里可以真正放松了身体，不再紧张。

然后，依然是让女儿握住他的一只手，让她双脚打着水，带她进深水区游了一会儿。因为孩子学会了双脚打水，身体放松了，带着游泳轻松了许多。

下午，打了一会儿水，他就让女儿学憋气。

依然是用双手扶着池边，身体浮在水面。他让她深深地吸进一口气，然后低头，让脸部沉进水里，憋一会儿，再用力呼出，然后，抬起头，在水面上放松一会儿。然后，再用力吸气，继续这个过程。

在水面上放松的时间越来越短。

然后,他让她学习在水面吸气在水中呼气的连贯动作。

她一起一伏,认认真真。

她的耳朵进了水。爸爸让她上了池边,歪着头,让进水的耳朵朝下,用力跳了几次,把水跳了出来。

耳朵进了水,一定要蹦出来,不然可能会引起耳朵不适。

她再回到水里,继续学习吸气和呼气。

没用太多时间,她在水里上上下下吸气呼气就自如了。

他们走入浅水区,让她憋着气学一会儿潜水。

这是非常容易的,吸一口气就潜入水里,快憋不住的时候,就吐气,浮出水面。

他说:"宝贝,你会潜水了!"

再接着,他们再回到池边,学习随着呼吸的节奏学蹬腿和收腿。

他给她做示范。他告诉她,呼吸要与双腿动作协调——收腿的时候抬头吸气,吸满肺部后低头进入水中,双脚用力斜斜地蹬出,同时嘴巴用力把肺部的空气吐出。

这是一个身体可以自然而然地协调的动作,她琢磨着,一会儿就学会了。

再进入浅水区,他让她横趴在他的双手上,配合呼吸,学手部的划水动作。

她学得相当快,第四天,就可以一口气游过游泳池的短边了。

他带着她游,慢慢加长距离。

到了第八天,她居然就可以随他在游泳池里基本不停歇地游800

米。说是基本不停歇，是因为没有真正的歇息，只是在到达深水区的一端时，趴在池壁上休息过几次，每次也只是喘几口气的时间。

因为从小就练习长跑，她的耐力比较好，并且还有着不怕累的精神。

第九天早上，父女俩一如既往地一早就来到了游泳池。

泳客来了不少，开门的时间已经过了，但管理人员却是没有出现。最后，他们在稍远处的墙上见到一张小告示，说游泳池换水，关门一天。

八天的时间，孩子从怕水变成了非常爱游泳。吃早饭的时候，她一直不快乐，一直对爸爸叨念："爸爸，我要去游泳！爸爸，你带我去游泳！"

看到孩子不快乐的样子，爸爸说："好吧，早饭后，我带你出去游泳。"

记得报纸上说过白云区的钟落潭有个水上训练基地，估计那里会有游泳池的。广州市内，他不知道哪里有泳池，手头也没有可供查找的地图。

吃过早饭，他们开车走了40多公里，到了钟落潭镇。

钟落潭范围很大，外来人很多。打听了好多人，都说不知道什么地方可以游泳。进村子问了本地人，也说不知道哪里有可以游泳的地方。

看来他的估计错了，这里可能只是有个水上项目训练基地，没有可供游客游泳的地方。

再往北走30公里就是从化县城，县城总会有游泳池吧？

这个决定让女儿又高兴起来。

到了从化，问了几个人，他们终于来到了游泳池门口。

可惜，大门紧锁。

看过门口的告示牌，知道开放的时间是下午三点半。

才十一点啊，等多久才可以到三点半！

他对依然处在失望中的孩子说："宝贝，我们先去吃饭吧！不是三点半开门吗？最多我们等四个钟头就是了！"

他们重新出了县城，在105国道的岔路口上吃饭。

吃过饭才12点，还得等三个多钟头。

想了想，他对女儿说："我们再走一个地方吧，那个地方的游泳池是肯定开放的。"

那地方就是增城的一个山庄。他在那里开过会，知道那里有个不太大的游泳池，白天都开放。

他们上了车，走了一个多钟头，二点钟左右，他们到了那个山庄。

哈哈，游泳池开放着，并且，这个时段，没有泳客。

她欢天喜地！他们买了票，进了泳池。

她在这个不标准的游泳池里青蛙一样来来往往地游。

池边还有个滑水冲浪的设施，他带她上到了高处，从那里滑下。

快速下滑，有点失重地冲进水的感觉很不错。他们上上下下地玩了好几次。

直到下午六点左右，手指上的皮肤都浸得发皱了，他们才起身回家。

还没回到家天就黑了。这一次游泳，用了一整天的时间。

不过，他还是觉得这时间很值，因为孩子玩得很高兴。并且，从那么高的滑道滑进水里，她也没有一点畏惧，滑行的时候兴奋得大声欢叫。

说明她已经是一个懂得水性、不怕水的孩子了。

回家的路上，女儿问爸爸："爸爸，游泳算不算一种本领？"

爸爸回答说："当然是一种本领！游泳是每个人都应该学会的一种很重要的本领，只是很多人没有学会。"

她很高兴，说："老师叫我们在暑假学会一种本领，那我学会了游泳，就算是学会一种新本领了！"

她又说，她的几个同学，从幼儿园开始就经常参加暑假游泳培训班，但一直没学会游泳。

是啊，这几天他也看到那几个孩子在游泳池跟教练学，但还只是在浅水区里扑腾玩水。

他猛然就想到了他们俩与那些孩子之间的差异，蓦然就明白了一个道理。

他一直觉得他对孩子的引导都很有效，孩子妈妈也曾经许多次评说："你们俩心灵相通！"他相信，这里面可以归纳成一个教育的基本原理。

这个原理就是：以爱为载体的教育，是最有效的教育！

从婴儿开始，女儿的一举一动，都关联着他的内心，牵扯着他的情感神经。一方面，通过精心的喂养和哺育，女儿的潜意识里，对父亲产生了高度的信任、依赖和尊重，对父亲的教育和指引，可以毫无保留地进行全面的领会和接受；另一方面，通过从小的喂养和哺育，父亲也可以比较准确地把握女儿的内心世界，她的忧虑，她的疑问，她的畏惧，她的思考，都可以准确判定，给予中肯的解答和指导。自小培养起来的情感因素，在教育的互动过程中，成了一道畅通无阻的桥梁。

第二天，学校的游泳池又开放了。早上，他陪她再去了一趟游泳池，陪她再游了800米。

念研究生的时候，每天早上，他都是来游泳池一口气游上八百米，然后回去吃早饭，再去实验室。

这个八百米，是他许多年游泳的习惯距离，所以，他也带着女儿游这个距离。当然，陪她游泳，速度要慢很多。

他只是想让她学会游泳。学会了游泳，遇到水就不会害怕。至于速度，是没有太大的必要去追求的。不过，随着动作的娴熟，速度会越来越快的。

游过八百米，他给女儿示范了一下如何仰着头，浮在水面上休息。

在水里太累了，又够不着水底时，可以仰躺在水面上休息一会儿，做一会儿深呼吸，以恢复体能。

女儿很快也学会了。

下午，爸爸还是继续陪她去了游泳池。然后，整个假期，就她自己去游泳了。早上和下午，她自己拿着游泳证，到游泳池买票进入，直到游泳池关门才回来。

他对孩子说，不一定要游八百米，根据自己的体力，游四五百米也是可以的。但是，不能像其他小孩那样，只在池里玩水。

"对我们自己，做任何事情，都要有一个基本的要求。"他说。

是的，做任何事情，都得对自己有个最低的要求。这样，我们才有可能变得更好。

只用了十天的时间，就让女儿从一个怕水的小女孩，变成了一个游泳的爱好者。这对于他，也是一个极大的鼓舞。他看到了他们之间交流的效率和效果。

七十八分的数学试卷

九月，女儿升上二年级，父亲则被安排到北京一个行政学院学习一个学期。

女儿在家里，爸爸在北京。他们约好，每天中午和傍晚，女儿放学回来之后，立即就打爸爸的手机。如果没有事情要说，拨通之后响三下就挂线，这样爸爸就知道她已经回到家了。如果有事情要说，就让电话一直响下去，直到爸爸按断。

那时手机漫游非常贵，在北京听电话是一分钟一元八角钱。工资收入仍然很低，全国职工平均月薪只有六百多元。

他每星期用座机打两次电话回来，与孩子简短地说几句话，座机没有漫游费，省钱一些。

一个学期的时间，匆匆忙忙就过去了。

大约是五月初的一个下午，女儿放学回来，一改以前蹦蹦跳跳兴致勃勃地说话的习惯，进门与爸爸打过招呼之后就坐在客厅的沙发上，闷闷不乐的样子。

父亲正在房间里，在电脑上忙着修改一份材料。他觉得女儿有些不对头，便停了手，问："小女，发生了什么事吗？"

女儿拿着书包走进他的房间，坐在床前，低着头。

显然，孩子遇到了不愉快的事，想跟爸爸说，却又不知道怎样说。

他有点不安。他离开电脑，坐到孩子的旁边，拿过她的书包，问她："宝贝，发生了什么事呢？"

女儿哭出了声音，说："爸爸，我的数学考砸了！"

哦，是考得不好，不是别的事情！

女儿从书包里拿出试卷，交给爸爸。他接过试卷，看了一下，评分栏上红色的"78"有点刺眼。以前，她的数学，一般都有九十七八分的，至少也有九十分，这个七十八分，确实有些出乎意料。

他把试卷拿在手上，对女儿说："你先去把作业做了吧，我看一会儿试卷。"

女儿去做作业了。他把试卷摊开，慢慢查看。

大大小小的错，这确实是有点意外。估计，这个分数，属于班里最低分的那几个了。

上个学期，他在北京学习，无法如往常一样随时了解孩子在学校的情况。回来之后，又因为行政工作繁杂，各种会议，各种文件，各种规划，各种检查，疲于应付。三四月又是新教师招聘和博士硕士研究生复试的时间，看简历、面试、听预讲。他自己要备课上课，有一个博士和一个硕士毕业。再加上公司的经营，经常要在外面跑，真的是忙得不可开交，没有时间好好跟孩子了解过她的学习情况。

晚饭的时候，只有他们两人，妈妈不在家。

不过，吃饭的时候，他还只是引导她谈学校里白天发生的一些有趣的事，没有往试卷上谈。试卷反映的问题比较严肃，他觉得应该要专门抽时间谈一下。

吃饭之后，他叫女儿一起在沙发上坐好，开始谈试卷。

他说:"这一次,你的数学考得不好,爸爸也有责任,爸爸这半年多来,对你关心得不够。"

他顿了顿,说:"不过,你也没做好,没有认真考试,没考出自己应有的水平。"

她看着爸爸,等他继续说话。

爸爸说:"从你平时做作业的表现来看,这试卷中的所有试题,你应该都是会做的。是不是?"

她低声说:"是。试卷发回来之后,我看了几遍,都是会做的。但是,不知道为什么我却做错了。"

他说:"你要仔细想想,考试的时候,你是怎样做题的?"

她摇了摇头,表示想不起。

停了一会,爸爸绕了一个弯子,问她:"你是不是还是经常很关注那个女同学,经常分心?"

爸爸说的那个女同学,是女儿班上一个学习不很在状态的孩子,会迟到早退,时常不交作业,有时还会破坏其他同学的游戏。他是在四月份的一个周末,与女儿一起外出时在谈话中无意发现的。

女儿还告诉他,因为经不住那位同学的反复邀请,在课外活动的时候,她们还穿过操场旁篱笆上的窟窿,逃出学校,早退到那女同学家里玩。

女儿带他看过那女孩子住的屋子,在农场一个荒僻的山坡上,临时搭建起来的一间小屋。

他跟女儿很严肃地谈过这件事,要求她不能受别人的影响,不能违反纪律,没有父母的同意不能去别人家,更不能去那样荒僻的地方玩。女儿表示不会再做违反纪律的事,也不会再跟那位同学单独玩耍。但他估计，女儿一时间还不能恢复如常的学习。

听爸爸问及那个女同学，女儿回答说，上课的时候，那个女同学还是经常会趁老师不注意的时候，回头对她做小动作。所以，上课的时候总会不由自主地注意她。

听了女儿的回答，他静静地看着女儿，过了一会儿，才慢慢地说："从试卷上，我判断，考试的时候，你也会分心注意你那些朋友吧？包括那个女同学。"

想了一会，她回答说："是，做完一道题的时候，会抬头看一下。"

"不是做完一道题，是题目计算到最后一步的时候，就分心了。所以，好多道题目都是最后一步出错。"

"听课的时候、考试的时候，是不能分心的，这一定要努力改。"

"不是一下子改得了的，但有决心，就一定可以改。"

"有决心改吗？"

她点点头。

他说："不能只是点头，要说有决心。"

她点点头，说："有决心！"

"好，有决心就好。有决心就一定能改好！"

他对她说："一次考试考得不好，发现了存在的问题，改了，成绩就一定能上来的。不要担心，我们一定会学得好的。"

在他的书桌上，他在试卷的顶部郑重地写下了一句话："我们一定会努力！"然后，签上名。

老师每次发回试卷，都要求学生交给家长签名，表示已经看过。

签过名，他把笔递给女儿，说："宝贝，你也签一个名吧！"

她说:"我?也在试卷上签名?"

"是的,你也签个名,做个承诺。"

她认认真真、一笔一画地写上了自己的名字。

成绩和效率问题

女儿的学习很快就回归正常,期末考试成绩排在班里的前十名,数学的成绩也回归正常范畴,这让他满意。

他不是要求女儿一定考得多好,但一定不能考得太差。好的概念是班里的前五分之一,差的概念是没有进入前二分之一。

他觉得,小学时期,不需要太追求成绩,但一定要养成比较广泛的兴趣和良好的学习习惯,养成独立思考和自己管理自己的能力,或者叫做自我调节和自我控制的能力。有了好的学习习惯,能自己管理自己,成绩就一定不会差到哪里去。

因为之前有过复述故事和动画片的训练,她的记忆力相当不错,比较轻松就能进入班里的十来名。如果太强调成绩和排名,肯定需要花更多的时间在课本上进行重复的低效学习,这样会影响更广泛的兴趣发展,尤其会影响对保持好奇心有重要意义的探究性学习和观察。甚至,还可能会因为令人厌烦的炒冷饭式的学习过程而对学习有抵触情绪。

暑假,他依然忙着学院和公司的事务,几乎每天都要开车外出做事。经常,女儿就跟着他的车,跟着他走。有时,就在那些路旁的山坡、水库、河岸和田野玩一会儿。

她很喜欢跟爸爸外出。确实，一旦出了城市，那开阔的田野山川，天上飘过的白云，山上的树林，山下的河流，田野村边上觅食的小牛小羊，猪猪狗狗，大摇大摆招摇过市的鸭群鹅群，都可以让她获得乐趣，增进见识。

一次，在东莞的一个地方，他们见到两头猪在跑，她就叹了口气说："终于见过猪跑了！"

她对爸爸说："在班里，有的同学说别人，'没吃过猪肉还没见过猪跑吗？'我就一直说这句话不对，我们所有人都吃过猪肉，但却没有多少人真正见过猪跑。现在，我终于也见过猪跑了！"

爸爸笑了一笑，说："你小时候回过老家，应该见过猪跑的。"

她说："记忆里没有那样的印象。老家村子的猪似乎都是关在猪栏里的。"

他很喜欢带着女儿在外面走，这样可以更有利于女儿开阔视野，陶冶身心，获得更多书本上学不到的东西。

从狭义的定义上说，外出的时候似乎都只是在行走，在观赏和谈论，似乎没有具体的学习行为，无法如待在家里一样看书学习。但是他一直相信，一些学习之外的活动，比如外出和游戏等等，会在一个人的心情和见识方面产生积极作用，会更有利于一个人的知识和见识的积累，可以反过来提高学习的效率和效果。这比一天到晚、一年到头都埋头在书本里死读书的学习要好得多。对一个人的学习来说，最重要的不是投入的时间，而是获得的效果。所以他经常带孩子运动，外出游玩，玩各种游戏，包括电脑游戏。

数学的乐趣

1. 数学意识

九月,学校又开学了,这个学期,妈妈到外校进修,不在家住。家里就他们父女两人。

中午,他会尽早回家,为她准备午餐。午餐都比较简单,蛋(香肠、肉)炒饭炒面或者炒河粉,用各种作料做煲仔饭等,式样都简单,但一定香,让她喜欢吃。她把它们叫做"香香饭""香香面"和"香香粉"。

每天早上,她出门前,爸爸都会问她:"小女,今天中午我们吃什么?"

她就会思考一下,说"蛋炒香香饭吧!"或者"香肠炒香香面吧!"。

菜肉多是周末买好放在冰箱里的,有些是他下班的时候买回的。但临时想要买点什么的时候,他还是会叫女儿跑一趟市场,目的也还是要锻炼她自己做事的胆量。并且,她在学习重量的概念,也趁机让她见习一下。

叫她买的东西比较简单,一板姜,半斤蒜头,一斤饺子,半斤猪肝，两斤菜心，一只手撕盐焗鸡，等等。

她总是很快就按他的吩咐买了回来。

每次她买东西回来，爸爸都很高兴，"宝贝，这么快就买了回来，你真是越来越能干了！"

每一次回来，她也很高兴，因为她"自己一个人"又完成了一件事。

其实，前面说到，她四五岁的时候就自己去市场买过东西了。不过那时都是按钱买的，二角钱的葱，一元钱的蒜头，两块钱的韭菜。

现在让她到市场去，买东西增加了一点复杂性，有斤有两，让她熟悉重量的概念，也增加数学的意识。

2. 数学游戏的意义

他们时常做数学游戏。

数学是发展思维力的重要途径，数学学得不好，其背后的原因就是思维力没有发展好。一个人的思维力发展不好，会影响其发现问题和解决问题的能力，影响学习高层次科学知识的能力。

他从小喜欢数学。数学一直是他最好的科目，从中学到大学到研究生的各个学习阶段，历次数学课程的考试测验，他都是满分的成绩。并且，在他的研究生涯里，他还发表了十多篇与数学相关的论文。

他对数学的喜爱，是在"文革"时期他失学的时候，在放牛的山坡上，从阅读数学趣味读物，做数学游戏中发展起来的。

他也想通过数学游戏，让女儿发现数学的魅力，在数学游戏中快速提高思维能力。

3. 体育老师的鸡兔同笼

鸡兔同笼是他们早期的数学游戏。虽然学校的老师也在课堂上讲过这样的题目，但他总觉得很多人没有真正把握这类题目的游戏本质，而是做成了套路。玩的时候，应该加入一些过程，增加思考和计算的趣味，才可以达到数学游戏的效果。但学校的老师显然对这个不太在意。

鸡兔同笼，上数有头若干，下数有脚若干，问鸡与兔各有几只？

数学老师的算法套路是：脚的一半减去头数的差就是兔子的数量。

只要记住这个套路，代入公式，就万事大吉了。至于学生们有没有思考，老师不在乎。

但是，老师不在乎，他在乎！他在乎她的女儿是否思考。

不是经常有人说别人的数学是体育老师教的吗？他决定就让体育老师来解这个题目。体育老师是不会数学套路的。

为了弄清楚有多少只兔子多少只鸡，不会数学套路的体育老师把鸡和兔子带到操场上。体育老师喊一声"列队"，齐刷刷就站成一列横队。上面数一下，有头若干，下面数一下，有脚若干。

体育老师发一声令："提起一只脚。"

兔子收起一只脚，还有三只脚着地，稳稳当当地站着。鸡收起了一只脚，成了金鸡独立的状态，站得摇摇晃晃。

体育老师再发一声令："再提起一只脚。"

"啪"的一下，鸡全部倒在地上，兔子还用两只脚站着。

数一数，还有几只脚？都是什么脚？可以算出兔子有多少了吧？

用体育老师的方法，有趣，还含着思考的过程，逻辑性极强。

数学，就是逻辑性的思考。

每一次做这样的题目，孩子都觉得非常有趣，快乐得很，因为鸡狼狈不堪，全趴在地上。

体育老师还可以出这样的花招。

站队之后，他发一声令："鸡提起一只脚，兔子提起两只脚"。"沙"的一声，地面上的脚少了一半，兔子用两只脚站着，鸡都成了一只脚的独脚金鸡。

数一数还剩多少脚。知道兔子有多少只了吧？

太有趣了！所以，每次算完，孩子都要求："爸爸，再出一题。"

4. 三只脚的兔子与一只脚的鸡

后来，他说："宝贝，你也学着出题给爸爸做吧！"

女儿说："我也可以出题？"

"当然啊，你也可以出题啊，为什么不可以呢？你可以当小小的老师啊！"

她就用笔算算，再给爸爸出题。爸爸认认真真，一步一步，按体育老师的算法，让鸡全部趴在地上，算出兔子的数量。

后来爸爸对她说："出题目是不用那样难的。你只要定下头数，算算，如果它们全部是兔子会有多少只脚，全部是鸡又是多少只脚。然后呢，在这两个数之间，取一个双数作为脚数，就可以了。"

"记住，一定是双数哦！不然，你只好让一只兔子只有三只脚，或者一只鸡只剩下一只脚了！"

这句话反而引起了女儿的兴趣。她要求："爸爸，就让一只兔子有三只脚，好不好？"

他说："好啊，当然好啊！只可惜一只好好的兔子，让万恶的大灰狼咬掉了一只脚！"

他给她出了一题，其中一只兔子只有三只脚。

她还是用体育老师的算法，让大家都收起两只脚，鸡都趴下了，三只脚的兔子用一只脚站着，其他兔子双脚站立。

她记着这个过程，算出来了。

后来，爸爸建议，让体育老师给三只脚的兔子装上假肢，这样就容易算了。

她问："就是先加上一只脚？"

是的，体育老师非常强悍，即时就可以给那个三只脚的兔子装上假肢，并且跟真的一样。

数学，就这么有逻辑，就这么好玩。

以后出题，女儿就多了个要求，要有一两只三只脚的兔子，或者一两只一只脚的鸡。

真是太有趣了！

数学的逻辑，就是一步一步地思考。

5. 怎样分油

他小时候玩过的分油游戏，也让女儿来做。

两个人上街买油，一个人带了个七斤的大油罐，另一个人带了个三斤的小油罐，这个人在集市买了一只大盆。大罐的主人买了五斤油，小罐的主人也买了五斤油，把两只油罐都装满了。现在，他们回到家里了，要把十斤油对半分开，不能用别的工具，但可以用大盆，那盆子可以装十斤油。

父女俩一起思考着把油倒来倒去，分成了两个五斤：

把小罐里的油倒进大盆，大罐的油倒满小罐，小罐的油倒进大盆，大罐的油再倒满小罐。这样，大罐里就剩下一斤油。倒空小罐，用来装这一斤油。再用大盆的油装满大罐，大罐再倒二斤油把小罐装满。大罐剩下的油就是五斤了。

他要女儿用另外的方法再分一次。

女儿从小罐倒到大罐，倒了三四次，哈哈，分开了。

爸爸想变一下分法，让她分成四斤和六斤两份。

女儿说："爸，大罐倒三斤到小罐里，就剩下四斤了！"

哦，不错！

"爸，小罐装两次，就是六斤，也分开了。"

"哦，这个太容易了，不如分成三斤和七斤吧！"

"哈哈哈哈，爸爸，这个更容易。装满大罐就是七斤，装满小罐就是三斤。"

爸爸拍了拍头："噢，我忘了！那就分成两斤和八斤吧！"

这个也容易，倒几次也成功了。

"那，我们再分成九斤和一斤吧！"

"爸，小罐倒三次，就是九斤了！"

"都成功了，那我们再换换罐吧！"

换一对不同的油罐，再装来倒去。

分油，不但锻炼了思维力和心算能力，还趣味十足！

6. 更广泛的游戏

他们站队，他们过河，他们种树，他们拼七巧板，他们排九宫格。

他以前玩过的，看过的，都慢慢回忆起来，跟女儿一起玩。有时，他也到图书馆去，查找一些合适的，自己再想法子加入一些乐趣。

数学的启迪

1. 规则和章法

数学游戏不仅可以带来乐趣，还可以启迪人们的探讨和研究精神，帮助养成有规则有章法做事情的习惯。

他让女儿做一种三位数的趣味题。

在1、2、3、4、5、6、7、8、9中，选三个不相同的数字，写出这三个数字组成的所有的三位数，把这些三位数相加，求总和。

女儿选了4、5、6，用一张A4纸写它们组成的三位数。

写了一会儿，她说："爸爸，三位数很多啊！"

爸爸说："是很多。你写了多少个？"

女儿数了一下，说："二十二个。"

爸爸说："不止二十二个，还要多。"

她想了一下，写了一个，又写了一个。

她说："爸爸，我写了二十四个了。"

"二十四个？还没有写全。"

她查了一下，还有一个写重复了的。实际上才写了二十三个。

爸爸拿了个凳子，坐到她的小书桌旁边。他对她说："你这样想到一个写一个的方法，是很难写全的。要有一个顺序，按一定的顺序写，才能写得又快又全。"

"什么顺序呢？"她问，"从小到大？"

"嗯，可以。你试一试？"

他把A4纸掉了个头，问："最小的是多少？"

"444."

"然后呢？"

"445."

"再后呢？"

"446."

然后，她接着就写出了454、455、456、464、465、466。

他让她换一行，写5开头的：544、545、546、554、555、556、564、565、566。

接着，重新开了一行，把6开头的数顺利写全：644、645、646、654、655、656、664、665、666。

数了一数，总共二十七个。

他指着第一行，说："宝贝，看出了吗？这一行都是4开头的。"

她说："是，第二行都是5开头的，第三行都是6开头的。"

对了！他让她再看每一行，三个一组，看第二位，再看每组的最后一位。

都是有规律的，从第一个数，到第二个数，再到第三个。

"宝贝，做事情不要随心所欲，一会儿东一会儿西，要有规则，有章法。按照一定的章法，做事情就容易得多，并且可以防止出错。"

数学，可以教会我们做事情和思考问题的规则和章法。

2. 思考的条理和逻辑

孩子开始列式计算那些三位数的总和，计了满满的一页纸，结果是 14 985。

他说："宝贝，你算对了。"

他叫她再选三个不同的数，写出它们所有的三位数。她选了3、5、9，然后按照前面的方法，顺利就写出了它们组成的二十七个数。

女儿正要计算它们的和，父亲却阻住了她。他说："宝贝，你不用计算了，你的加法很熟练了。你再选些数字，写出它们组成的数吧。"

主要练习和熟悉思考的条理性。

她又写了几组三位数。

突然她说："爸爸，我选一到九的九个数，组成所有的九位数，把它们都写出来吧！"

爸爸答："宝贝，不要啊，九个数组成的所有九位数，我们写一百年都写不完！"

她表示惊讶，瞪大眼睛，看着爸爸，小嘴做成了个"O"形。

他说："宝贝，你学过九位数了，九位的数是亿，从111 111 111到999 999 999，去除含有0的，应该有四五亿个数。好多好多的啊！"

她说："爸，怎么要写一百年啊？"

"宝贝，写一个九位数，最快也要三秒钟，一分钟可以写多少个？一小时可以写多少个？一天工作八小时，可以写多少个？"

她学过时间单位，算了一下，一天可以写九千多个。

他说："干脆算一万个吧，四亿个数就要写四万多天。一百年才三万多天，要一百多年啊！"

"不用试，算一算，就知道一个人一辈子都写不完那些数了！"

她问:"爸爸,算出来的时间真的准吗?"

他说:"准的,只是每个人写字的快慢不同,会有些差异,但总的来说,一百年写不完是肯定的。"

他给她讲了个他亲身经历过的,也是一个亿位数的故事。

大概是十三岁的时候,他看到一本书中有一篇文章,说的是在算盘的个位上一个一个地加算珠,满十就进一。这样一直打下去,到第十位打上一个一,需要多长时间。书上说是要几十年。书中有一个插图,左边是一个小孩在算盘的个位拨上一,右边是一个老大爷正在拨上第十位的珠子。

他在家里讲了这篇文章,但他弟弟不相信,说他一个上午就可以搞定,并立即开始操作。他认认真真地在算盘的个位上一个一个地加珠子,一个上午,才拨了一万多。按这个速度,一百年也完成不了。

听完了爸爸讲的这个故事,她哈哈哈地乐了好一会儿。她想象着一个人天天都在打算珠子,然后慢慢地老了,头发就慢慢地白了。想象的这个过程,给她带来了乐趣。

她的笑点比较低,她总会想象语境,还会在想象中加上些滑稽的元素,让自己很欢乐。

3. 寻找规律

又一天,他们继续练习用三个不同的数字排三位数求总和。

她问:"爸爸,你没有计算,怎么一下子就知道我算出来的得数对了呢?是不是你以前算过,都记住了?"

爸爸说:"宝贝,爸爸没有那样好的记忆力,并且,也无需那样记东西。这些有规则的数学问题,都有它的规律的。掌握了规律,与你算出的总和对一对，就知道你是不是算对了！"

她问："有什么规律呢？"

想了一想，他让孩子做两个数的类似游戏，也就是从一到九中选两个不同的数，排出所有的两位数，算它们的总和。

她选了2和3，排出22、23、32和33，算出总和是110。

她再选了4和5，排出44、45、54和55，算出总和是198。

爸爸叫她："再选两个不是连续的。"

她选了3和7，排出33、37、73和77，算出的总和是220。

爸爸说："你算一算，110与2和3，198与4和5，220与3和7，有什么相同的关系？"

女儿问："怎么算呢？"

爸爸说："想怎么算就怎么算。找规律经常是要试很多种方法，最后才找出规律的。"

他对她说，这三个总和与它们的两个数之间，有相同的关系，你用各种可能的方法算一算，就可以找出来。

她尝试，在那九个数之间算。

最后，她对他说："爸爸，它们的商都是22。"

他走到女儿的书桌旁坐下，问："小女，是不是它们的和是那两个数的22倍？"

她说："是！"

他说："你再用一组数来试一试，看看能不能确定。"

她再选了4和8，排出：44、48、84和88。

她正要列式计算它们的和，爸爸却阻止了她。爸爸对她说："你先用22倍的方法，算算是多少？"

她乘了一下，是264。

"好！"他对她说，"现在，你再把那四个数加一加，看看它们的和是不是264。"

加了，果然是264。

这就是找规律的思考过程——先总结一个规律，再用新的数据来检验它。

他提起孩子的双手，用双掌握住，对她说："宝贝，你算出来了！就是22倍！你懂得找规律了！"

他们又选择了几组数进行验算，他们沉浸在探究的专注和成功的快乐之中。

父亲说："除了刚才你用的计算的方法，可以找出规律，我们还可以用分析和归纳的方法找出规律。"

他给她分析2和3的这一组数，22、23、32和33，它们的个位和十位，2和3都出现了两次，也就是十位和个位都是2，是22倍。

发现了吧？

发现了！

如果读到初中，懂得代数之后，这样的规律就更容易总结了。

稍后，他们找出了三个数字组成的三位数的和的规律，是999倍。

他说："宝贝，你用4、5、6组成的二十七个三位数计算它们的总和，你一说出是14 985，我立即就知道你算对了。现在你明白我为什么会那么快了吗？"

她说："明白了，你用15与999相乘。"

他说："是的，就是那样。"

她说："但15乘以999，你怎么一下子就算得出来呢？"

他说："这样的数是很容易算的。乘999就是乘一千减一。"

她问："乘一千减一？"

他说:"对!15乘999就是15乘1000再减15,就是15 000减15,就是14 985。"

她说:"所以你一下就算出来了。"

他说:"乘15也是可以速算的,叫做乘十加半。999乘10得9990,加上一半,4995,得数也是14 985。"

她说:"比直接计算要容易很多。"

他说:"以后你自己慢慢总结,也会知道,有许多算法,是可以转化速算的。"

从这个学期开始,她对数学学习的兴趣大大增加,成绩也显著提高。

打破套路

三年级刚开始,孩子的数学依然会有小错的毛病。每次测验,如果她考到一百分,他就估计,班里可能就她一个人一百分,如果她只有九十七八分,他就估计,班里肯定有几个人一百分。因为需要深度思考的题目可以吸引住她的注意力,而比较容易的题目她的注意力容易分散。

通过细节回忆,他发现她经常会在解题的最后,即将计算完所有的得数的时候,没有集中注意力做完题目,而是抬头看班里其他同学的情况,在一瞬间,在简单的加减运算上出错。

有一次开家长会,老师还说过她考试也不专心。说老师走到她身后站了一下,她就扭头说:"老师好!"全班只有她会这样。

他要有针对性地纠正她的这个不专心的问题,特别是考试时的不专心。

他向她提出了要求:第一,不要把水杯放在桌面上,听课和考试的时候不要喝水。第二,考试的时候不要观察她的那些朋友的情况。第三,考试的时候,不要在意老师是否在附近。总之,除了做试卷之外,不要注意其他任何事情。

针对数学的情况,他不要求孩子重复学习课本中的习题,他另外给她出题目，加强她的学习。同时，他们进行更多的数学游戏，以提高她对数学的兴趣，也借以提高她的思维能力。

在给她出题目时，他采用了多一步的方法，目的是扩展她的思维，更是要打破老师在讲课时总结的解题套路。

数学是培养思维力的最重要的学科。但是，需要进行思考的数学，却在很多老师的教学里，变成了套路的教学。在上课时，老师将形形色色的题目进行归类，再相应地给出各类题目的解题套路。把需要进行思考的数学转化成套路去记忆，让学生去死记硬背这些套路。这很不利于学生的思维力的发展。

他的多一步的题目，就是要打破这样的套路，让她无法用老师的套路直接解题，而是要自己思考。

多一步的题目其实很容易出，参考课本后面的应用题，想多一步就可以了。比如，教科书里的题目：买了若干作业本，每本若干单价，再买了若干铅笔，每支若干单价，一共用了多少钱？多一步就是，给若干钱，买了若干作业本，每本若干单价，再买了若干铅笔，每支若干单价，还剩下多少钱？

这样的题目，即使使用老师的套路，也只是解决了题目的一部分，整个题目的解题过程还是要有自己的思考。

那时的测验比较多，单元测验或小测验大约两周就有一次。每次，她会对他说："爸爸，明天要测验数学。"然后告诉爸爸是哪些单元的内容。

爸爸看过课本之后，就出了几道题目让她去做。那些题目囊括了相应章节的所有内容，并且都比她书本中的例题和习题多一步思考。

她总会做得很好。做完之后，爸爸给她检查了一下，就说："去玩吧，明天考试的时候专心做题，不要东张西望，不要喝水，就可以考满分了。"

她问:"爸爸,真的吗?"

爸爸说:"真的,当然真的!但你一定要全心全意做题目!"

于是,第二天,考试的时候,她肯定不会东张西望,肯定会认认真真地考试。因为她相信按爸爸的叮嘱可以考满分。

他一直不喜欢数学老师讲解题套路,家长会的时候也提过意见。但老师们觉得他的要求有些奇怪,总结出套路不是很好吗?有了套路,学生解题方便得很,直接把数字套进去就可以得分了。

其实,这也迎合了许多不愿意思考的学生的需要。他们记住了这样的套路,或者就可以用套路去考得高一点的分数。虽然这样得到的高一点的分数,从学数学的本质上来说是没有意义的。

前面提到,罗素曾经尖锐地指出"许多人宁愿死也不愿意思考",用套路代替思考的数学教学方法,进一步助长了这类学生思考问题的惰性。

多一步的思考过程,突破了老师的套路方法。这对于激发孩子的思考行为、提高思维能力,形成思考习惯,是很有意义的。

从小学到中学,他都叮嘱孩子,不要记老师的套路,数学和物理,都有相应的学科思维方法,要用这样的思维方法去解决问题。

这是属于学习方法和思考方法的问题,在后面的内容中有进一步的展开。

乘车兜风的奖励

那个学期，父女俩达成了一个约定，只要女儿连续两次数学考满分，爸爸就给她一个小奖励。

为什么是连续两次？他考虑到两次的连续，会造成一个持续的压力和激励，可以锻炼孩子的持之以恒和认认真真的精神。根据两次连续的约定，一次满分之后，如果下次没有满分，前一次的满分就废了。下一次的奖励，还得从头争取。

也就是，一次没有考满分，就会失去两次奖励。他这样做的目的，不是追求分数，是想要纠正女儿考试时容易分心的毛病。

后来，他觉得，他当时提出的这个连续两次，真的是很有意义。因为从那个约定之后，女儿数学课的大小测验和考试，就不再有那种因为临时分神出错的情况。并且，连续几个学期，几乎都没有失过手。

于是，就差不多变成每一次的数学测验之后，都要有一次奖励了，因为每一次满分，都可以与前一次连成两次。

女儿要求的小奖励很简单，就是爸爸与她一起坐公共汽车在城里兜风。

许多星期六或星期天，吃过早饭，他怀里揣一把零钱，就与孩子一起坐公共汽车。那时还没有羊城通，坐公共汽车需要投币。

那时，他们小区的旁边就是两路公共汽车的起点站，出门坐车很方便。他们随意选一路车坐出去，到某个车站下车，上另一路车继续走，尽量到一些还没去过的地方。中午在外面吃饭，下午或者再找个可以玩的地方玩一会儿，然后觅路坐车回来。

因为是起点站，他们总可以在后排找到两个相邻的座位坐下，中途换乘的时候，如果后排没有了相邻的座位，他们就站在中部的位置。因是周末才出来，乘客不多，车内环境也蛮不错。

他觉得，与孩子一起坐车，跟之前出差的时候带孩子一起走，相当不同。以前出门总有明确的目的性，今天要跑几个地方、什么时间到达哪里，总有个大概规划，要分心注意路况注意交通标志。而坐车呢？一上车基本就轻轻松松地坐着，自由自在地观赏路边景色，反正没有什么明确的目的地，可以心无旁骛地跟孩子说话。

她挽着爸爸的一只胳膊，靠着爸爸的肩头，一路观看，一路谈论。

学校、班级、老师和同学，自然是他们一上车就开始谈的内容。他们有很多的时间，细细地探究和讨论一些事情，能让他更深入了解女儿在学校课堂内外的许多情况，适时地谈一下自己的意见和看法，也分享她的快乐。

她总是很会发现乐趣，学校里总是有许许多多让人快乐的事情。他呢，也可以迅速领会到那些趣事里的趣点，分享女儿的快乐。

在行驶的汽车里，路旁的见闻也是他们的谈资。谈论这些见闻，可以促进他们的想象、概括和思考。

路边一棵有些特别的树，他们会想象它的形似和神似，有的像个绅士，有的仿如淑女，有的像个老人，有的类似其他东西。他们也会用词语去描述它们的神韵，或玉树临风，或亭亭玉立，或庄严肃穆，或笑容可掬。

他们也观察路上的某些特别的行人，去想象，去分析。

一个男人，提着手包在路边频频张望，他想做什么呢？是等人还是等车赶路？苏宁店门口的一对男女，他们相对站着，在说话，还打着手势，他们在说什么呢？商量买电器还是在争论什么东西？或者是熟人偶然遇到？推测的证据是什么？

一路上的种种见闻，总可以让他们从观察到的一些迹象中，进行想象，进行推测，快快乐乐地延展。

他们也猜谜。他一直都喜欢猜谜，觉得猜谜很容易培养一个人的进取精神和成就动机，创作谜语还可以提高创造力，对工作和生活都是很有意义的。

他们的谜语都比较简单，即使是在家里，也是随意出的谜面，有点关联就可以，目的只是促进思考，增加乐趣。

在公共汽车上，他们的猜谜就更随意了。抓住见到的一个商店或一个招牌之类的东西，想一个关联的谜面出来，给他们带来思考，如果谜语还有些滑稽，就更有乐趣。

绝大多数谜语说过笑过就忘记了，也没有了什么印象。但是，有些谜语他觉得比较有创意，如果回到家里还记得，就记下来，保存在一个文件里。这样的谜语，他记了二三十个。虽是临时的创作，但他觉得质量也不错。

这样乘车兜风的奖励他们坚持了两年多，直到五年级，星期六有了新的安排，他们的奖励才停止。

手机，手机

给孩子办手机是他临时决定的，在一个星期天的下午。

那个星期天，因学院有不少事情要处理，他回了办公室，女儿跟他一起到了学院楼。周末他常常要回办公室做事，基本带着女儿。

在三楼院长办公室里看了一会书，她说要出去玩玩。爸爸让她收拾好小书包，叮嘱她就在院大楼及周边玩耍，他回去的时候叫她一起走。这是他们习以为常的做法。

女儿收拾好东西，就背着小书包出去了。小书包是妈妈专门买给她平时出门用的，小巧漂亮，他们都很喜欢。

下午6点多，他准备回家。他绕着办公楼走了一圈，没有见到女儿，喊了几下也没有回应。

他走到研究室，他们的自行车锁在研究室的院子里。孩子有时也会在研究室的草地上玩，或者在实验室里与研究生玩。

但是，他寻遍了研究室的所有空间，都没有见到女儿。

研究室没有人，大家都回去吃饭了。

他有点焦急，喊叫她的声音都有些歇斯底里了。

他围着办公楼继续寻找和喊叫，都得不到回应。

他觉得恐惧，有点止不住地发抖！

他坚持着，重又走上三楼，办公室里外看了一遍，还是没有孩子的影子。

下到二楼，他冲着空旷的楼道继续喊她，声嘶力竭。

突然，从二楼"匚"形内走廊末端的一个实验室里，远远地传来了她的回答。

原来，她遇到了一个同学，到了同学妈妈的实验室。那个实验室在一端转角的尽头处，要经过几道封闭门进去，很密闭，听不到外面的声音。

她玩得忘记了时间，也没有听到爸爸的呼喊。

她跑过来，站在爸爸面前，望着他说："爸爸，对不起，我忘记看时间了！"

他一把把女儿抱在胸前，反反复复地说："宝贝，不要紧！爸爸不怪你！"

他觉得，他必须给女儿买个手机了。

20世纪90年代中期，GSM数字移动电话开始营运的时候，一部普通的手机定价万元以上，开机要交3600元的入网费和每月50多元的基本费，主叫和被叫都要收费。当时教授的月收入只有500多元，用手机是相当奢侈的事。偌大的学校，只有几个经营得比较好的企业的负责人因业务需要才使用手机。

不过，到了1999年，手机价格已经大大降低了，并且广州移动还新开了不用交基本费的神州行业务。

虽然神州行不用交基本费，但主叫和被叫都是六角钱一分钟，漫游则还要加长途费用，相对于几百元的工薪收入，手机使用依然很昂贵。

第二天，他到广州移动营业厅问了一下神州行的情况，知道入网费已降到了360元，每充值100元可以有半年的使用期。算起来，如果少打少接电话，一年花200元就可以拥有手机了。

于是，他花了2000多元，给女儿买了个手机，开了个神州行。

每次出门，他便叫孩子带上手机，开机，放在小书包里。

他要求孩子，平常手机就是放在书包里，不拿出来，只有紧急的时候才能使用，不能把有手机的事告诉任何人。

他担心会有人给她打电话，电话铃响会引起别人的注意。那时，广州经常发生抢手机的事，有的人还因为被抢而受伤。

他给孩子设置了几个数字快捷键：1是他的手机，2是家里的电话，3是外公家的电话，4是公司办公室的电话（这个电话绝大部分时间都有人接听），5是叔叔的手机，6是爷爷家的电话。这些快捷键，长按数字键三秒钟就可以打出。

那时，跟绝大多数人一样，她妈妈还没有手机。

周末跟爸爸一起出门，以及随学校郊游的时候，她都带着手机，开机放在小书包里。手机设置成静音振动模式，有电话打进，她可以感觉到振动，但不会引起别人的注意，因为没有声音。

平时，手机就由他保管，负责充电和充值。

她恪守约定，没有让别人知道她有手机，也没有使用手机，只是出外的时候带在书包里。

她跟爸爸说，带了手机出门，随时都可以联系到爸爸，就觉得很安全，即使到了不熟悉的地方，也不怎么紧张。

那个手机，好几年都没有通过话。不过，给她带着，心里多一份放心。

那个手机号码，因为没有打电话，也没有接电话，所以实际上没有消费，充进去的钱都留着，直到她读中学之后才真正使用。

那时，手机更普及了，也更便宜了，他们换了个小巧漂亮的双屏折叠机。除了依然由爸爸给手机充值之外，充电之类的事情就由她自己负责了。

仙剑情愫

暑假,他们买了一套新上市的单机版游戏《新仙剑奇侠传》,安装在父亲的电脑里。每天晚上做完暑假作业之后,女儿可以开机玩个把钟头,直到9点半钟上床睡觉。

那个时期,大众说起电脑游戏就仿如说起洪水猛兽。认为游戏会让学生沉迷其中,影响学习,甚至会走上极端的道路。

他觉得,那样的看法并不全面。一个人迷恋游戏,应该还有自身的一些原因,并不是任何人在任何情况下都会沉迷游戏的。

他经历过饥饿时期,缺少粮食,大部分时间都处于很饥饿的状态,终年都吃不到几餐肉。到了春节,有了饭、有了肉的时候,就一个个都往死里吃,几乎人人都吃坏肚子,吃出毛病。后来呢?改革开放之后,粮食充裕了,肉也买得到了,吃饭的时候,就再也没有人吃撑了。

他认为玩电脑游戏也一样。如果长期不让儿童接触游戏,一旦他们有机会进入网吧,就像饥饿时代那些饿极了的人遇到好吃的一样,只顾往肚子里塞,其他都不再顾及。

让儿童不沉迷游戏的方法,应该不是杜绝游戏,而是相反,应该让他们有所接触,减少对电脑游戏的新奇感。并且,"游戏是儿童的天堂",只要有节制,调节得好,玩游戏对培养儿童的情感和性格,应该也是有意义的。

她在幼儿园时代就开始玩电脑游戏了。早期的游戏是电脑自带的一些小游戏，如挖地雷、接龙和蜘蛛纸牌之类，以及用软盘驱动或安装的游戏，如《赛车》《史努比》《推箱子》和《警察捉小偷》等，这些游戏都具有一定的益智作用，也可以引发玩家的浓厚兴趣。《新仙剑奇侠传》则是一款比较新型的角色扮演游戏，故事性很强，与之前她玩过的大小游戏有明显的不同。

游戏故事吸引了他们，那个假期，父女俩就与赵灵儿、李逍遥、林月如和阿奴一起仗剑走天涯，一起去寻找灵儿的母亲，一起去挽救灾难深重的苗家人民。

女儿玩的时候，他大都坐在旁边，陪她一起去体验游戏的情节和人物情感，体验每一场战斗过程的紧张和胜利之后的欢乐。同时，他也自己玩一个进度，先去了解一下剧情，必要的时候给她辅助。

这样的角色扮演的游戏，他认为绝对不是玩一个游戏过程那样简单。通过操纵角色，随着情节的深入，玩家的情感也随着游戏主角的遭遇，悲喜交集，起起落落。这对一个人的情感素质的培养，应该是很有意义的。

举一个例子。林月如只身走隐龙窟，寻找药材救人的一节，就让他深深地体会到了一种面对困境，顽强拼搏，勇敢前进的精神。

那还是游戏初期，角色还很弱，攻击力很低，防御能力也很差。在深夜的迷宫里，只身行走，时不时要与出现的大大小小的毒蛇战斗。

孤单，羸弱，但必须仗剑夜行！

前路茫茫，更有许多蛇虫毒物在不经意间挡住去路。只有全力拼搏，克敌制胜，才是唯一的出路。

尤其是频频出现的五条巨蟒的联合攻击，主角不断中毒，受伤，失血，生命一次次受到致命的威胁。每一个招式都攸关性命，每一个回合都伤痕累累，每一场战斗都灵肉俱焚！但是，每一场战斗之后，都得治疗好伤痛，重新振作，继续前行！

谁能说，这只是一个娱乐的游戏？谁能说，这不是一次情感和意志的体验和磨砺？

随着游戏的展开，他们与李逍遥等人一起走过一个个迷宫，战胜一个个对手，经历一次次情感震撼。

每一次前进都是一次探险，每一次迈步都危机四伏，每一场战斗都惊心动魄，每一个胜利都是劫后余生。

更是在锁妖塔内，失去了林月如——这个特立独行、个性鲜明、敢爱敢恨的姑娘！

那一个时刻，孩子的脸上，全是泪水！

结局之处则更是让人悲怆！赵灵儿，这一位女娲氏的后裔，为了化解苗人的灾难，集结所有的灵力进行最后一击，与最后的敌人——拜月教主与水魔兽的合体——一起湮灭！

当湮灭的白光耀亮了整个屏幕，当灵蛇杖从白光中徐徐飞出，那样的场景，震撼心灵！

在白光的映射中，他看到孩子眼中的泪水，顺着脸颊一滴滴地流下。

就这样一个游戏的经历，一个瞬间的细节，让一个孩子体会了责任，体会了担当，体会了牺牲的壮烈和殉道者的荣耀！

不只是孩子，就连他自己，经历过"文革"，经历过二十多年的长期饥饿，经历过许多磨难与苦楚，一个过了不惑之年的男子，也是心灵备受震撼，许久无法恢复平静。

所以，他敢肯定，玩这样的游戏，对于一个孩子，在情感、在意志、在性格等许多方面，都会有不可小觑的作用。

其后，他让孩子玩了许多单机版的角色扮演游戏，如《仙剑奇侠传》在那些年推出的所有后续游戏，以及《轩辕剑外传天之痕》等。

假期的时候，孩子可以天天玩一会儿游戏，但学校开学之后，就只有星期五晚上和星期六可以自由玩，其他时间不能玩。这是他们一家三人共同商量之后定下的。

她玩游戏很自觉，都是在完成作业之后才开机。

这一点，让他觉得，玩游戏还可以锻炼孩子的自我克制能力。

这确实锻炼了孩子的自制力。尽管她很喜欢玩游戏，但她要不影响学习，要完成作业，要按时休息，这些都能让她克制住对游戏的渴望，做好时间安排。

《新仙剑奇侠传》是安装在父亲的电脑里，由他陪着玩的，后来的几款就直接安装在女儿房间的电脑，由她自己控制着玩了。因为他相信，女儿可以克制自己，不会随便开机玩游戏。

他们玩游戏还有许多趣事。最有趣的就是按照游戏进程完成所有关卡，第一次"爆机"（指"通关"）之后，对游戏进行修改，修改人物能力，修改装备，修改物品，修改仙术，一个变了怪的游戏会带给他们很多乐趣。

她读高中的时候，在物理实验班里，与班上的男生谈起玩电脑游戏时，她如数家珍地谈论《仙剑奇侠传》和《轩辕剑》系列的各个游戏，谈论那些印象深刻的游戏人物和难以忘记的战斗，让那些男生十分惊诧。他们说，真不可想象，一个女生居然玩了这么多的电脑游戏，还是在家里玩的。

她说:"有什么奇怪的?我爸爸让我玩!"

爸爸让玩,不只是为了调节学习,更是为了在玩游戏过程中收获的那份情感和意志体验,还有自我克制能力的提高。

不过,本书还得提醒,让孩子玩游戏还得根据不同的儿童而有所区别,对那些自控力差的孩子,还需要父母进行适度的控制。

电脑和音乐播放器

他们给孩子买了一台电脑,放在她自己的房间里,供她自己使用。她可以在星期五的晚上和星期六自由使用电脑,但平时不能开机。

他们认为,电脑应该很快就会普及了,让孩子熟悉电脑有积极的意义。并且,他们相信女儿可以控制自己,不会沉迷电脑。他一直都认为,信任是让孩子学会自律的前提,机械地限制孩子,不如让孩子学会自我控制。

当时电脑上网都是使用电话线路拨号。调制解调器装在父亲的房间里,她想上网的时候,就用一条五米长的网线从父亲的房间接过去。

他在她的电脑里装了个监控程序,有时去检查一下,看她平时有没有偷偷玩电脑。

开头,在晚上睡觉前偷偷玩一小会儿电脑的事情还是不时会有。对于这样的情况,他觉得很正常,因为新奇,也因为低年级平时学习并不是很紧张,开电脑玩一下,也无大不妥。

不过,到周末女儿自由用电脑的时候,他坐在旁边陪同她时,会适时暗示她平时不要开电脑。他相信女儿会明白他话里的意思。

逐渐地,她平时开机的次数就越来越少了。他觉得很满意,孩子的自控能力在增强。

孩子喜欢听歌，星期五晚饭和星期六吃饭的时候，经常会开着电脑播放歌曲，大家边吃饭边听歌。

当时，音乐的压缩格式很杂乱，有au、wav、mid、midi、ram、rm、dat和mp3等十多种压缩方式。那时的播放器也杂乱，许多种类的播放器都只能针对一种或几种格式。

孩子说，很烦人，经常要换播放器。

于是他产生了为孩子做一个可以播放多种音乐格式的播放器的想法。

国庆节是长假，那个假期他们哪里都不去，都待在家里。孩子看书看动漫，玩游戏，父亲则全心全意在电脑上编程，为孩子做一个播放器。

假期第二天，他的播放器完成了音乐文件的读取和播放的功能，可以播放前文提到的那几种音乐格式。

但可惜，只能一次读取一个文件。虽然如此，但他依然很高兴，毕竟有个雏形了。他特意给它起了个有趣的名字，叫作"过于简单的音乐播放器"。

孩子看了播放器的名字，哈哈地笑了一会儿。她说："爸爸，你还是升级到不太简单的播放器再给我吧！这个过于简单的我暂时不用。"

他起的名字达到了他要的效果，就是让她乐和一下。一次读一首歌的播放器，显然是不能用的。

再花了两天时间，他对程序做了修改，可以在启动时读入初始歌曲列表，一次可以读取几十首歌曲，可以前后跳曲，可以保存歌曲列表，可以反复循环同一首歌，退出时可以保存当前的歌曲列表和播放位置。

是一个比较好用的播放器了。

她有点喜欢了，让爸爸帮她装进了电脑。

晚上，她用它来听歌曲的时候，说那个封面的图片她不是很喜欢，问爸爸能不能换一张图片上去。

他突然就想到，女儿的电脑桌面是经常更换图片的，他给她做的播放器，也应该有这样的功能。

于是，他增加了一个功能，就是可以随意更换播放器的封面图片。在封面图片上用鼠标右键点一下，就会打开更换框，选择一张自己喜欢的图片换上去。简单快捷，轻轻松松就可以更换自己喜欢的封面图片。

这一次，他规范地给它起了个名字，叫"音乐播放器1.03"。

这个播放器她使用了一年多的时间，直到暴风影音播放器上线。

初中之后，她开始学习软件，开始自己编程，这应该是比较早就拥有个人电脑所带来的好处。

奥数学习

数学游戏的直接效果，就是孩子对数学产生了浓厚的兴趣，不但稳定了成绩，还有效地提高了逻辑思维能力。

四年级第二个学期期末，广州市小学奥数班招生，她参加了考试。

他们这个区域的考点设在天河区的一间小学。因为不熟悉那个地方，他提前一天去了那所学校，确定了地点和课室。那时互联网还远未普及，更没有导航，到一个新的地方主要靠地图和问路。他怕赶不上时间误了考试。

他把这次考试看得比较重要，因为他坚信，学奥数会使孩子变得聪明，与思维能力有关的思维的逻辑性、灵活性和敏捷性，都可以在富有挑战性和创造性的奥数解题中得到发展。

有人反对学奥数，认为奥数在生活中没有实际的用处。他个人认为这种认识是不对的，至少是不全面的。功用性只是学习目的的一个方面，而学习对人的素质的提高，比学到一点可以应用的知识或技术，其意义要大得多。奥数学习对个人智力，特别是思维力的影响，就如日常健身运动对身体的作用一样，没有直观看得到的功用，但却日积月累地强健着身体，提高身体素质。

古人说"无用之用方为大用"，不能直接使用的知识，才是真正具有重要意义的知识。一个人学习过的，都会沉淀在大脑里，重现在能力上，一点一滴，都发挥着长远的作用。

考试那天，他们早早就到了考点门口。跟爸爸约好考试结束后的会合地点，她就自己进入了考场。

那一年小学奥数班在全市各区共招了600多人，12个班，她进入了重点班。

奥数班每星期六上午9点之后上三节课。

上课的地方比较远，离他们家差不多20公里，穿过大半个城市，车子行驶要四五十分钟。

附近两所小学有几个孩子考进了奥数班，大家联合订了一辆十几座的中巴，每星期六早餐后，家长们带着孩子一起坐车上学。

女儿上课的时候，父亲就在校园的某个角落，找个花坛或台阶坐下，在没有阳光的树影里看书，等待下课。

如果下雨，看书就不行了。小雨的时候，就打个雨伞，在学校的操场和道路上来回溜达，静候下课的铃声。如果雨下得大了，就到校园外面的街道上，找个小店，买上一听饮料，觅一张小凳坐下，祈祷这不合时宜的大雨在下课之前就能停下来。

这一年，他不再兼任院长和公司实职，日常工作轻松了一大半，从而有了更多的时间和精力研究孩子的教育和学习的问题。也因此，每个星期六，他都有时间陪孩子去奥数班上课。

奥数班也是有许多趣事的，都是关于解题时出现的五花八门的逻辑错误，有些有点像脑筋急转弯，常常是他们在家里闲谈时的笑料。

平时，女儿遇上难度比较大的奥数难题，也会与爸爸一起讨论，从已知条件出发，一步一步分析和推导。他觉得，那种深度思考的过程，不仅仅是一种智力的锻炼，也是一种深度的快乐。特别是，一道难题被解决，内心的舒坦、快乐和成就感，难以言表。

女儿的思维越来越敏锐，数学越来越进步。六年级，她参加了全国小学生数学奥林匹克，获广州赛区二等奖。

证书是通过学校发下来的。一个星期一的中午，女儿交给他一本红皮奖励证书，说奥赛的证书转发到学校，她拿了回来。

虽然早已在网上看到竞赛获奖名单，但真正看到证书，还是大大地高兴了好些天。

好一段时间之后，女儿的一位同学来家里玩，他才知道那份证书是在星期一的升旗仪式上，校长发给她的。校长还对她的获奖表扬了一番，说她为学校争了光。

他问女儿："为什么不告诉我，你的证书是升旗的时候校长发给你的？"

她回答说："什么时候发，都还是那个证书啊！"

他突然觉得，他有些虚荣了！

奥数的学习对她理科学习的兴趣和思维能力都有很大的促进作用，特别是数学学科成绩。

他觉得让孩子学习奥数，是一件非常有意义的事。

文学少年

因为喜欢读书,可能也由于小时候要经常向父亲讲述每天看过的动画片,以及一起编故事,她的文字表达能力比较好,作文一直受到老师的好评。

五六年级,在班主任和语文老师的动员下,她参加了全国平安杯和小天鹅杯作文竞赛,两次比赛都获了奖。这对她的文科学习起到了有力的激励作用,她的阅读和写作开始更有干劲。

语文老师会给她额外的写作任务,经常要她自己择题作文,把她的好作文推送到小学生相关的报纸。因此,她就有几篇作文在《小学生报》《少年报》和《语文报》刊用,这又反过来刺激了她的学习。

对她的阅读,父亲一直都比较谨慎,怕她太早读到不合适的书,比如言情的,暴力的,把社会描写得太黑暗的等。

三年级的那个暑假,表姐给她送了《简·爱》和《飘》。他觉得女儿还不适宜读这样的书,就跟她说这两本书暂时不能看,由他保管着。直到她初中毕业,他才把书交到她的手里。

老师推荐的书目,他也会过一过目。如果是他曾经读过的作品,他觉得合适,就都由女儿自由阅读。如果他还没有读过,如作家郭敬明、韩寒等人的作品,他就自己先读一遍,再提出意见。不过,老师推荐的作品都很合适，他基本没有异议。这本是意料之中的事，但作为父亲，他还是觉得应该尽自己的责任，自己审读过了，才能放心让孩子读。

他们每学期都一起到购书中心买几次书，除了学习辅助资料和老师推荐的书籍，也让她自己选择喜欢的读物。

到了购书中心，他就让孩子在学生图书部查看和选择喜欢的图书，他自己则到科技图书部找自己喜欢的书籍。

每次，他回到学生图书部找到她时，她已经选择了小山一样的一堆图书。

他蹲下来，一本本地翻阅她的图书，询问她选择的理由。

他一边听着她的理由，一边快速地浏览书籍内容。

如果他觉得她说的理由合适，就把书籍放一边，准备购买。如果他觉得某本书不合适，会向她提出不购买的意见。如果她觉得爸爸的意见恰当，就把那本书放回书架，如果她觉得她依然想买，就进一步陈述她的理由，再讨论是否购买。

从四五岁开始，爸爸就一直鼓励她对大人的要求不能一味地服从，要懂得说"不"，懂得陈述自己的理由。所以，对于她想购买的图书，她再次陈述的理由都比较有说服力，爸爸都同意她的要求。

每次，他们都会购回一批数量不少的图书，捆成几捆运回来。

老师布置的家庭作业并不算多，她有很多空余时间看课外书，所以，她的知识面比较广。许多世界名著她讲得头头是道，对宗教和神话也有一定的了解。这对于一个理科的学生来说，是很不错的。

五年级下学期她第一次拿到稿费。一篇作文被《少年报》录用了，报社寄来了15元钱。

中午回家的时候，她从书包拿出稿费单，说："爸爸，这里有一份汇款单，要用户口簿到邮局取。"

一看是稿费单，他真的是太高兴了。比他自己发表任何论文都高兴，甚至比他第一次发表论文还要高兴！

小学时她发表了几篇记叙文、童话和读后感，初中有一篇作文进了一本《中小学生作文选》。高中的两年时间里，她也有作文被抄写在语文教学组的墙报上作为范文点评。后来，她有一篇散文入选了人民文学出版社的一个集子，这已经是读大学的时候了。

如果说她的写作与家庭教育的某些方面有关的话，父亲觉得这主要得益于对她的记忆力的训练。从三四岁开始，一直到进入小学，他们都做"记忆游戏"。在"记忆游戏"的过程中，她需要组织语言来讲述听过的故事和看过的动画片。

同时，他们编造"小白兔狂扁大灰狼"之类的故事，也有利于她的作文能力的提高，因为这扩展了她的想象力和组织材料的能力。

第七章

初中阶段：增强理性和思维逻辑

增强理性

女儿进入初中了。初中是按地段派位的,离家很近。

她就读的这个初中不算好,许多人都劝他让孩子到广东实验中学初中部就读。妈妈曾带着她的数学奥赛和作文比赛的获奖证书前去咨询,学校表示可以录取,并且因为有奥数二等奖,跨区择校的费用全免。省实初中在越秀区,他们在天河区,跨区进省实初中需要交3万元择校费。

所有亲朋都建议把她送到省实初中就读,只有他们父女俩另有考虑。父亲觉得省实初中太远,坐车上学要花两个钟头,每天一来一回太耗费时间和体力,对学习不利。同时,他觉得,初中是个人成长的一个重要阶段,整天不在家不利于他们的沟通。而他们近年来的实践表明,家庭内部的沟通对她的进步作用是明显的,他们对她的学习的指导,不但效果明显,并且还有持续的长远意义。女儿也觉得每天的走读耗费太多的时间和体力,会影响学习的效率和效果。并且,她有信心可以学好初中的各个科目,也相信爸妈可以帮助她解决初中的任何学习问题。

她就近读了初中。他们定了一个目标,初中毕业时,考进省实高中部。

初中离家大约两公里。开学前,父亲同她一起,分别计算了乘坐公共汽车、走路和骑自行车到学校所需要的时间。

小区门口就是公共汽车站,坐两站路,再走一段街道就到学校,走路和骑车则可以走近路。因此,无论是坐车或是走路,耗时都是15到20分钟,但骑车会快一些,十一二分钟就可以到课室。

因此,她上学很随心,书包里带着羊城通交通卡和自行车钥匙,或走路,或坐车,或骑车,看天气,看同行的同学,也看心情和时间。

进入中学了,长大了。中学时期,相对于小学阶段,在心理和行为标准上,要有比较大的改变。主要的,就是增强理性,克制感性。

因此,父女俩有了一次关于理性的谈话。

父亲说:"宝贝,你进入初中了,应该懂得要更理性地生活了。"

女儿问:"什么是理性?"

父亲说:"理性是相对于感性而言的。在小学阶段,我们主要任务是发展广泛的兴趣,除了必须按时到学校上课之外,课余时间主要就是凭感性来安排学习和生活。"

女儿说她还不是很理解,父亲便向她解释:"所谓感性,就是做事情的时候,会问自己:'我喜欢做什么?我喜欢怎么做?'这就是感性,就是要根据自己是否喜欢来做决定。"

女儿问:"那,理性又是怎么样的呢?"

父亲说:"理性就是,在开始做事情的时候,要问一问自己:'我应该做什么?我应该怎样做?'这就是理性。理性就是不能根据自己是否喜欢来作选择,而是要根据是否需要来决定。"

为了加深理解,他与孩子一起讨论了司马光砸缸的故事。司马光的这个故事,一直是小学教育里最著名的案例。

司马光看到小伙伴掉进那个装满水的大缸之后，他最应该做什么呢？

当然是救小朋友。

好！那么，他可以有哪些途径去解救他的同伴呢？他有多少可能的选择呢？

他可以推倒大缸，把缸里的水倒掉，这样他的同伴就得救了。

他那么小，缸那么大，装满水的大缸肯定很重，他不可能有那么大的力量推倒它。

他可以爬进缸去，把小伙伴救出来。

但是他不会浮水，爬进缸去只会陪那位小伙伴一起淹死。不但达不到救人的目的，连自己也会搭进去。

他可以跑出去喊人，让别人来救那个小朋友。

但是，跑出去喊人可能需要比较长的时间，等别人来到的时候，小朋友可能已经淹死了。并且，也不一定就能找到人。

他可以找一根长木棒，扔到缸里让小朋友握着拉出来。

难处是即使找得到合适的木棒，也很难把它扔给小伙伴，因为他还不及水缸高。退一步说，即使能把木棒扔进水缸，也无法拉小伙伴出来，因为大缸比他们俩都高，一人拿着一头，另一个就够不着另一头了。

女儿说："如果有绳子就可以了，绳子是可以打弯的。"

不过，显然没有那样唾手可得的绳子。

当然了，最后的办法就是用石头把大缸砸破，让水流掉。

院子里会有石头砖块，这是很容易实施的。于是司马光就抱起一个石头，砸破了大缸，救了他的小伙伴。

女儿说："我明白了，理性就是用最合适的方法，做最应该做的事。"

是的，就是这样，一个理性的人，就是在需要做出抉择的时候，要考虑最应该做什么，在各种有限的条件下，应该怎样去做才能达到目的。

当然，这样的理性是逐步养成的，不可能一下子就可以具有这样的素养。在日常生活和学习过程中，要经常思考如何安排好自己的时间，安排好学习的内容，理性就会慢慢增强起来。

理性是每一个人都应该具备的特性，但许多人却往往屈服于感性和欲望，错过了人生的许多机遇。

奥数的理性

初一，孩子又考了一个奥数班，坚持学奥数。父亲觉得中学阶段是思维力发展的重要时期，抽象、归纳和演绎逻辑，这些初中阶段最需要发展的素质因素，通过学习数学才有可能最大限度实现。所以他很支持女儿学奥数。

有不少孩子，在小学阶段学习表现不俗，但初中之后表现平平或越来越差，最主要的原因就在于思维力没有得到应有的发展。因为小学阶段的学习内容简单，靠记忆力就可以拿到高分。但是，初中之后，学习内容复杂了，难度增加了，纯粹靠记忆力是一定学不好的。

奥数班上课的时间是星期六下午和晚上。星期六中午吃过饭，她就带着交通卡，在门外坐车出去，在师大换一次车坐到学校附近。下午上三节课，在学校吃过饭再上两节课到七点半。然后走一百多米到东风路，坐公共汽车到师大，换一次车，八点半左右就可以回到家。

她每星期都是这样走。因是星期六，交通比较畅顺，时间都比较准确。

大约是十月份的一个星期六，快到九点了，女儿还没有回来。他有些焦急，便打了她的手机，但得到的提示却说她的手机关机了。

每次，她到了学校，都会发回一条已经到学校的信息，然后关机上课，待晚上下课后再开机。

这一次，可能是她忘记了开机。

他走到公共汽车站，过了几路车，都没有见到她。因为比平时的时间迟了好多，他有些担心。

他打了辆出租车，速速赶到她上课的学校，发现大门紧锁，学生都已经走了。

他再到东风路车站，没有见到孩子，只是发现有张告示，通告那路车改线，不再经过本站。

知道是汽车改了线路，可能因为要转坐别的车，耽误了时间，他稍为安心了一些。不过，时间太晚了，总是让人无法放心。

他再火速回到小区外的车站，刚下车，就见到孩子从一辆公共汽车下来，高叫着向他跑过来。

他在她的小脸上轻抚了两下，从她的背上拿下书包，问她："宝贝，怎么这么晚才回来？"

她没有回答爸爸的问题，却很兴奋地说了一句让他摸不着头脑的话："爸爸，我今天真正明白什么叫相依为命了！"

爸爸说："你迟迟都还没回来，爸爸都急疯了，这就是相依为命！"

他们一起往家里走，她给爸爸讲了晚上发生的事。

下课后，她在车站等了一会儿，没有车来，才发现车改了线。

当时同行还有个女同学，也想坐那路车回家，知道车改了线，当时就焦急得要哭了。她安慰同伴，说不要紧，可以打电话叫爸爸来接。

她从书包里取出手机，想开机打电话，却发现手机之前没有关机，耗了一个下午，手机的电很少了，还没拨出号码，就自动关机了，再也开不了机。

她也开始焦急了，不知道应该怎样回家。

但是，她的理性和经验告诉她，在面对困难的时候，焦急和哭都没有用，唯一应该做的事就是想法坐车回家。

她从站牌上仔细看了各路车的路线，发现有几路车可以坐到天河体育中心。她记起以前跟爸爸一起坐车兜风的时候，有几次都是在天河体育中心坐车回家的，就决定先坐车过去。

她将想法告诉了那个女同学，想和她一起坐车去体育中心。

但那个女同学说，坐过去也没有用，她手里只有两元钱，只够坐一次车的车费。到体育中心就没钱坐车了。原来，那同学家里只是给了她九元钱，五元钱的晚餐费，四元钱车费，来时两元，回时两元。她家离学校近些，不用转车。

她觉得真有点不可思议，怎么能算得那么准呢！她出门的时候，爸妈给她的钱都很充裕，以备额外使用。

她叫那位同学不要焦急，她可以借钱给她坐车。她书包里一直都有些钱，也有不少零钞，防备万一交通卡出了问题可以投币。

于是她们一起坐车到了体育中心。

到了体育中心，下车的地方却找不到回这边的车。

她有点紧张，但她记起以前是在那里坐过车的，就问了一位公共汽车司机。那位司机告诉她，体育中心车站有四个站点，分散在那个广场周围，找找就可以找到开往他们这边的车了。

她们在车来人往的路上前前后后地找那几个站点，费了好一番功夫，才找到回来的线路。

她对爸爸说，发现手机没电的时候，心里有点焦急。但发现有车到体育中心，便放松了一些。到了体育中心，下车的那个站点没有找到这边的车，又是一次紧张！

她说，知道夜里的治安不太好，也不太敢乱问人，担心被人骗。幸好临时还有个同学做伴，不然真的是太让人害怕了！

"也有我的错！"他在心里责备自己。那个手机好几年了，应该每星期都要充电的，但这一次却松懈了，没有提醒女儿！好几周来来去去，都很顺利，却没有想到公共汽车会突然改道。

女儿说："夜那么深了，车那么多，人那么乱，我与那女同学手拉手在体育中心找车站的时候，立刻就体会到了什么叫作相依为命！"

爸爸用头蹭了蹭她的额边，表达他的赞许。

她说，幸好她的书包里还有钱，能与那个同学一起走。

他说，她爸妈怎么不给她买羊城通啊，有羊城通多方便，坐车不用投币，也不用专门带零钱。

她对爸爸说，她们一起上奥数的同学中，有很多人没有羊城通，家里只计算着给交通费和晚餐费。他们说父母担心学生有了羊城通，会坐车乱走，不去上课。

这太不应该了！他说："那些家长不对，他们应该相信自己的孩子！"

但是她说："许多家长都不太相信孩子，不像爸爸你。你总是说：'我相信我的女儿！'"

"是的，我相信我的女儿！无论是在学习上，还是在操行上，爸爸都相信你。"

给孩子足够的信任，孩子才可以健康成长。

孩子是向着父母的期待发展的。如果你不信任他们，他们就会发展成你不喜欢的那个样子。你提防着他们逃课，一有机会，他们可能就会逃课，因为在你的心中，他们就是逃课的。

他相信在父母与子女之间，有一种特别的心灵感应。这种心灵感应可能每时每刻都在交换着某些特别的信息。

她觉得那个奥数班的课太浅了，就只上了一个学期，然后插班进了一位老师的小班。那位老师是一位大学教师，国家奥数队的教练。

这个课只有12个学生，来自市里最好的两所中学，华南师范大学附中和广东实验中学，都是初二的，只有她一个人初一。插班的时候，他担心女儿跟不上趟，但那位老师测验之后，认为她足够跟班上课，她就进了这个班。

这个班上课是星期六晚上7点半之后。吃过饭，她就坐车去上课。

到这个班也要转车，下车后走过路对面，换乘另一路公共汽车往相反的方向走。

有一次，上课时间过了十几分钟，她才发回到达的信息。

晚上回来，他们问了情况，才知道她上课迟到的原因。原来是转车的那条道路改成了单行线，反向行车道被封闭了。她跟着车流的方向，绕了一个很大的区域，在反向行驶的两条街道上找了三个车站，花了二十多分钟，才找到要换乘的车。

爸爸问她，发现道路改了单行线，有没有紧张？

她回答说没有紧张，因为天色尚早。并且，那路车也总是要经过这个地方的。这条路不能走，就一定会就近走另一条能走的路。

如果实在找不到那一路车了，最多就坐车回来。

哦，是的，理性增强了，就可以淡定地处理这些遇到的问题，不会惊恐，不会忙乱。不过就是在当下的状况中，找一个最合适、最应该采取的措施而已。

就如小时候在树木园那个凹坑里寻找出路一样。

奥数学习让她的思维力得到比较充分的发展。初中三年，她的数学表现都很不错，参加了华罗庚金杯和全国初中生数学联赛等三次比赛，获一、二、三等奖各一次。

学习,从整体到局部

初中的课程,都不再是简单的知识课,开始进入系统性的学科学习和多方面的能力锻炼的阶段。

学习要开始系统化了,不能只见树木,不见森林。换句话说,一个人的学习,应该先看到整体,再进入局部。

这是他多年学习的经验,是最有效的学习方法。他要孩子重视自学和学科知识体系的建立,不能零零碎碎地跟在老师后面学习知识。

他给女儿讲了个故事。

一群建筑工人在工地上忙着干活,一位牧师在工地巡视。他问一个正在砌砖的年轻工人:"你在做什么呢?"那个工人回答:"我在砌砖。"牧师转到工地的另一边,用同样的问题问另一个正在砌砖的年轻工人。那个年轻人回答说:"我在砌墙。"牧师又走了一会儿,用同样的问题,再问另一个同样正在砌砖的年轻工人。那位年轻人看了看牧师,很骄傲地回答说:"我们在建一座漂亮的教堂!"

在相同的工地,做着同样的活,但一个人是在砌砖,一个人是在砌墙,而另一个,却是在建一座漂亮的教堂。

他们所做的事情是一样的,但事情在他们的心中却差别巨大。他们砌的都是同样的砖，但在他们的心目中，那些砖却有着迥然不同的含义。

若干年过去之后，那位砌砖的人依然在砌砖，砌墙的人成了施工员，而那位建教堂的年轻人，成了建筑设计师。

他对女儿说，所有的学生，在课堂上学的都是一样的知识，但结果却差异很大。有的人学过就忘了，有的人考过就忘了，但优秀的学生学过的东西，却能牢牢地贮存在大脑里，成为他自己的知识，在他的人生中，长时间地发挥作用。

他说："为什么会有这样的差距呢？"

女儿望着父亲，等待他继续讲下去。

他说："这就是系统性的学习和零零碎碎的学习所造成的差距。系统的学习，学过的东西，就进入了自己的系统，成为自己的知识。零零碎碎的知识，只会在大脑里存在一段时间，然后慢慢消失！"

秋天，树叶掉落了，一片一片的，它们都独立存在，没有任何整体性的联结，一阵小风就可以把它们吹散，飞得无影无踪。但是，同样是这些叶子，它们长在树上的时候，因为树枝和树干把它们联系成一个整体，夏天的大风暴都无法把它们刮散。

学习，就要系统地学习，要从整体到局部地学习，把学到的零零散散的知识整合进自己的知识体系里，学习才会有更高的效率和效果。

开学时，老师把课本发下来，他就给孩子布置了任务：在两星期到四星期内，把所有的课本都通读一遍。语文通读一遍课文，理解课文大意就可。数学则要求能做例题，物理和化学也是以例题看得懂为标准，历史和地理希望看过一遍后有些模糊的印象。

有了这一遍学习，大概一半的课程内容就被掌握了。学会这一半并不是最重要的收获，最重要的收获是通过这样的学习，对整个学期要学的内容构建了一个整体的框架。

已经看懂的内容，听过老师讲课之后会有更深的理解，会更加熟练，还没有学懂的内容，在听老师讲课的时候，就基本可以完全明白，听课的效果就可以大大提高。然后，通过做作业，课本的内容就可以扎实掌握了。

并且，由于一开头就对内容的整体有了了解，学习的时候，触及的每一个知识点，都可能会引导大脑自发地对整体知识的联想，学到的具体内容，也因为整体概念，会与相关的知识体系产生响应，进入这个整体的构架里。这样，学习的过程就轻松得多，也扎实得多，知识的应用也会灵活得多。

从初中开始，孩子的学习真正进入了主动学习和系统化学习的阶段。所有的课本和教科书，发下之后，她都会在短时间内自学一遍，了解和掌握课程的大部分知识。听课效率也同步提高，学习更加轻松。

我们的很多学生，学习被动的一个主要原因，就是学习零散化，知识得不到内化，学习的东西没有系统性。学到的知识就像零零散散堆在地面的一片片树叶，相互之间没有逻辑关系，没有相互关联，学习不能触类旁通，运用也无法举一反三，学过的内容也很快就会忘记。许多学生的学习热情，就是在不断反复学习和无法改变的不断遗忘中消失殆尽的。

改进注意力

初一寒假开始不久,父亲就跟女儿认真谈了关于注意力的问题。

父亲先是把他们两人的学习能力的几个智力因素进行了比较。

女儿出生之后,他涉猎了许多有关儿童教育和心理学的著作,结合他自己多年的学习经验和教学经验,初步形成了对学习能力的系统看法。通过几年来对女儿学习上的分析和指导实践,他对自己在这些方面的认识有了比较强的信心,方法也逐渐成熟。

他对女儿说:"就记忆力来说,我与你的记忆力相差不大,都属于比较好的。思维力方面,我们的思维力都很好,很逻辑,很敏捷,也很灵活。不过,你接受过比较系统的奥数训练,思维力可能比我要稍好一些,但差异不是很明显。我们的想象力,从猜谜作文这些事情来看,都不错,都比较好。至于观察力,我觉得你的观察力可能要比我好一些,在野外观察动物植物的时候,你经常会比我更早看到一些特别的细节。小时候,你做一些观察的训练,比如,在两张图片中找寻差异之类,都完成得很快,表明你的观察是比较全面和细致的。"

"但是",他接着说,"从注意力来看,你的注意力与我的注意力相比,差异不止小小的一点,而是比较明显。"

她很认真地听。

他接着说："一个人的注意力，在整体智力系统里，是最重要的，它影响所有的智力因素的发挥。"

他说："我可以断言，如果你能够改进你的注意力，你可以取得较好的成就。但是，如果注意力没有调节好，将来就很难预料。"

她问爸爸注意力应该如何具体理解。

爸爸说，就拿听课来说，注意力好的人，会听得很专注，很投入，可以屏蔽外来的所有干扰。

其实，女儿的注意力的事情，很久之前他就在思考了。

从幼儿园到小学再到初中，几乎每次的家长会，她的班主任都会提到她，说她听课注意力不集中，会东张西望，会搞小动作。

他一直没有把她的注意力的改进当作一件事情来做，是因为他觉得在幼儿园和小学阶段，一个儿童最重要的素质因素就是发展广泛的兴趣，形成对自然和周围事物的好奇和探究的欲望。注意力过于集中，可能会影响这些素质因素的更广泛的发展。

他观察过不少孩子，小时候太听话，能一丝不苟地关注老师的，似乎兴趣都不太广泛，探究和思考的主观能动性不太高，影响了学习的后劲。但是，因为人的潜能是会随着年龄递减的，这些素质因素，如果错过了少年时期，就不容易再开拓了。人们经常谈到有许多能力需要"童子功"，就是这个道理，因为过了儿童时代这个关键时期，有些东西就难以补救。但注意力，在理性形成之后，却是可以通过理性来控制和改进的。因此，直到女儿读初一，他都没有要求她去改进注意力的问题。但他是很同意她的老师们所做的评议的。

以前，她每每讲述她班级里的事情，会提到谁谁谁在班里做了什么动作，谁谁谁与谁谁谁小声说话，上什么课的时候，有一个什么颜色的蝴蝶在窗外飞来飞去。走廊上什么人如何如何，等等，都说得很详细。

他就想，这个孩子是怎样听课的啊？听课的时候居然还眼观六路耳听八方。

其实，没有要求她改进上课不专心的问题，还因为他觉得她的专注程度，也就是注意力的集中性品质，还是很不错的。她从小就可以在书上画得很投入，一小丛植物也可以观察得很入迷，就是这个方面的反映。

因此，虽然眼观六路耳听八方，但她还是听懂了老师所讲的内容。课后她可以比较好地完成作业，表明她的听课还是有效果的。

他一直都注意着，从学校回来，她伏在桌子上做作业，几乎都是一口气做完的，基本不需要翻书。

因此，他觉得，还是让她的兴趣和好奇心继续自由发展，不愿意因为人为地进行注意力的纠正而使其受到影响。

但是，到了中学阶段，童年时代养成的许多兴趣和好奇等性格特性已经成为习惯，就应该努力提高注意力的素质了。

听爸爸讲了她的注意力的问题之后，她并不立即就认可他的评价。

她说："在听课时，我坐在后排，视野那么开阔，班里的同学做小动作，我不可能看不到，窗外有动静，我不可能看不到。课室内外的声音，都会传到我的耳朵里，我不可能听不到。"

他说："是的，你所讲的，似乎都是很有力的理由。但是，这只是物理的理由，而不是心理的必然。听到什么、看到什么，除了有物理的因素，还有心理的因素在内。"

他说："你暂时不要否定，听老爸的话。慢慢你就会知道，老爸讲的是对的。"

她也觉得爸爸的解释有一定的道理,并且,她一直以来都对爸爸的指导很有信心。想了一想,她问道:"那我应该怎么做呢?"

他跟她解释了注意力的几个特性和它们在学习过程中的意义。这些特性包括指向性、集中性、持久性和转移性。末了,他说,当前首先是要改变注意力的指向性,也就是在一定的时间内,心理因素指向对象的选择,应该注意什么,不能注意什么。

核心就是解决听课时注意力容易分散的问题。

听课的时候,要集中全部的精神注意听老师讲课。当其他因素,如同学说话的声音和小动作影响到自己的时候,要提醒自己不要分心,不要好奇,不要跟进。不要试图去看清听清别人具体说些什么或做些什么,努力把那些因素屏蔽在心理关注的范围之外。也就是,对那些跟课堂学习没有关系的事情,要做到视而不见,听而不闻。

想了一想,女儿说:"因为听到看到都是自然就发生的,可能很难屏蔽。"

爸爸说:"这是不太容易做到的,需要理性和毅力去参与。从理性来说,你知道了应该好好听课,而不应该去注意班上那些开小差的同学。你四五岁就可以经常跑四五千米,八岁的时候可以基本不中断地游八百米,说明你也有比较好的毅力,知道应该做的事情要努力坚持做好。所以,爸爸相信,坚持一段时间,一年两年,或者更长一些的时间,就会收到比较好的成效,你的学习效率会更高,学习的效果也一定会更好。"

"至于注意力的集中性,随着注意力指向性的增强,也会越来越好,越来越集中。你做事本就专注,这就是注意力集中性的基础比较好。"

她希望爸爸给她具体说一下集中性是什么。

爸爸给她打了个比方，就是玄幻小说中经常提到的"封印"。当注意力集中强化到一定的程度，就好像用了一个小小的球状的空间，将自己和自己注意的对象跟外界隔绝开来。

为了让女儿更明白注意力的效率原理，他跟她走到阳台上，用手电筒给她做了一个演示。

手电筒主要由电源、灯泡和聚光反射镜组成。

他拧去手电筒的聚光反射镜。打上开关，灯泡发出了光。

这时，灯泡发出的光是向四周散射的，光亮度比较低，只能照近处，稍远的地方就照不到。

装上聚光反射镜之后，灯泡发出的光得到了聚集，集中到了一个方向。这个方向的亮度就增强了很多，能照到比较远的地方。

他继续调整聚光反射镜，使灯泡的光越来越集中。手电筒在这个方向的亮度就越来越强。站在阳台上，可以照到很远的地方，看到的东西也很清楚。

但是，再拧去聚光镜，光线立即就变得很弱了，连近处的树木都照不到。

他对她说，注意力也是如此，越是能集中注意力，学习的效果就越好。如果注意力涣散，学习效率就会非常低。

孩子开始关注注意力指向性的改进，从听课开始，努力排除其他的动作和声音对自己的吸引。父亲也在经常的日常交流之中关注她的注意力的情况，并给予适当的提醒和辅导。她的注意力变得越来越好。

当然，在最初的时候，由于习惯，她有时也难免被课堂的一些情况干扰。但是，每要分心，她就提醒自己要集中注意力听老师讲课，不要注意课堂内外发生的任何事情。这样一再坚持，那些原来可以引起她的注意的事情，慢慢就退避三舍了。

他还建议她做过其他一些改进注意力的辅助训练，比如，在闲暇的时候盯着看书架或墙壁上的一个小点，在嘈杂的蝉鸣声中特意听一个特别些的声音，等等。

三年多之后，她读高一，他们又一次谈她的注意力的状况时，她说："现在，听课的时候，真的是听不到别人的声音，看不到别的同学的小动作了。看书学习和做作业时，甚至有人来到旁边问问题，也是要经过提醒之后才霍然注意到的。"

最明显的，初入高一时，学校外面的地铁和汽车的声音还是可以听到的，但到了第二个学期，就经常感觉不到那些声音的存在了。

从高一开始，在那所省重点中学里，在高手如林的学习竞争中，她的各科成绩稳步前进。从初入学时的中等成绩（几百位），高二学期末进到年级前十。

这是学习能力显著提高的结果，其中注意力的提高是非常关键的因素。

怎样分析试卷

孩子的试卷发回来之后,父亲都跟她一起仔细阅读一遍,认真地进行一番分析。做对的,自然没有什么特别需要讨论,但错的地方,就要努力找出出错的原因。

小学低年级,试卷上的错是比较简单的,稍加分析就可以知道。

比如错别字,错了,认认真真记住是怎样错了,多写多看就会了,这是容易解决的。

数学的计算错误,表面看起来很简单,就是一时间算错了。但是,其反映的问题可能复杂得多。那次七十八分的试卷,父亲发现孩子都是在比较难的运算之后,在最后的加减时出现计算错误。

有人会把这个问题简单地归结为"粗心"。但"粗心"只是一个粗心的判断,说一句"以后不要那样粗心了"是解决不了问题的。因为所有的人都不会知道自己会在未来的什么时候"粗心"一下的。只有在"粗心"出现之后,才会知道,那个时候粗心了。

因此,重点就是分析某个时候会"粗心"的原因,是什么情况引起的。这就有了前面说过的,喝水啦,瞟一眼课室里的其他同学啦,看一看窗外的阳光啦,抬头看一看老师啦,等等,只有从行为上杜绝再出现这样的事情,"粗心"才有可能改变。

分析试卷的时候，在父亲如此这般的询问之下，孩子仔细回忆当时考试时的情况。然后，他们一起判断是哪一种因素让她分了心，"粗心"地错了题。

高年级之后，试卷的分析更加复杂，因为这个时候，内容复杂了，问题复杂了，出错的可能原因也更多了。

在小学高年级和初中一、二年级的语文阅读课中，比较多的出错是在一些所谓的阅读题。比如，某段话反映了作者什么样的态度或者内心世界，一篇文章反映了什么样的中心思想，等等。这样的题目大多是选择题，且各个选择项之间差异不明显，甚至只是不同方式的词语表达。他经常觉得很无可奈何，因为女儿错的地方，他可能也会错。

其实，就他看来，有些东西是见仁见智的，一百个人眼里有一百个哈姆雷特。因为每个人的阅读体会都受着个人的世界观、价值观、认知水平和情感取向等多因素的影响，每个人的阅读都会有其个人的特性。硬是以一个人或几个人的阅读去制造一个标准答案，他觉得是不妥的。因此，在这个方面，他也无法帮助女儿去解决这类问题。因为他认为，标准答案是应试教育的典型毛病，背好标准答案，到时选对了，就万事大吉了，与读没读懂，想没想过，没有任何关系。而真正用自己的思想去读书，自己去思考去理解的，却往往与标准答案存在差异。因为他一贯不喜欢死记硬背，所以这个方面，他还是鼓励女儿按自己的阅读去做题，不管对还是不对。小学初中语文的几分成绩，算不了什么。如果因此形成了死记老师标准答案的习惯，个人真正的阅读理解能力可能反而会受到影响。

小学高年级，她的数学一直很好，除了偶尔"粗心"出点错，没有其他问题。初中之后，特别是初二之后，数学复杂了，思考出现问题的情况就多了些。

大抵人们检查试卷，都是检查所谓的知识点有没有掌握好。但是，他们父女俩检查试卷的时候，并不在意什么知识点，特别是对于数学和物理这样的学科。他们认为，知识点只是一种死知识，不难学到。只有包含在考试过程中的思维问题，才是他们检查的重点。

一个问题错了，要弄清是什么错，怎样错的，为什么会这样错？最重要的，是要找到思维方面，是否存在着思维方法的问题。

几何的证明题，似乎是比较棘手的。一个题目，从给定的条件出发，如何最终证明结果，一般都颇费周折。他们父女俩讨论这样的问题时，总结出两端推进，一级级扩展桥梁的方法。如，证明一个角与另一个角相等，如何做呢？角相等的定理不外乎对顶角相等，同位角相等，相似三角形对应的角相等，等等，解题就需要从两端向内扩展，按这些原理思考，一步步搭建条件，形成解题的桥梁。

考试时，如果这样的题目没解好，就可能是思维不够全面周密，架构不出这样的桥梁。要找到思维上存在的问题，思考纠正的方法。

体育，体育成绩

转眼孩子就要中考了，整个家庭都在关注中考的种种要求和政策的变化，应对中考。

她中考的这一年，开始考体育，体育成绩在总分中占四十分。女生的体育考试共考三项，五十米跑和实心球投掷是必考项目，另外在立定摸高、立定跳远和一分钟仰卧起坐三个项目中选考一项。

初三第一学期公布考试项目和评分标准之后，第二天妈妈就到体育商店买了个标准实心球，供她练习。

他们到运动场对这些项目做了测验。

短跑五十米她比较轻松就跑了七秒左右的成绩，按评分标准，可以满分有余，这个项目七秒七满分。跑步是她的强项，在小学和初中，短跑和中长跑都多次得奖。这个项目应该不成问题。

为保险起见，妈妈还是在体育器材店买回了一套二公斤的沙袋，起床之后，她就把沙袋捆在双脚上，带着走路，以提高脚力和体能。

实心球项目的难度比较大，这个项目的及格是五米五十，九十分是六米四十。她第一次投掷，只有五米二十，还不到及格线。这是个比较棘手的事情，以前他们没有做过投掷类的运动，也一直没有注意过锻炼她的臂力。

立定跳远也不乐观，只能跳到八十多分的样子。

一分钟仰卧起坐成绩还可以，一般都可以做到四十七八个，可以拿到九十七八分。

还有一个可以选择的项目就是立定摸高。他们在家里内走廊的墙上，按她的身高贴了三道线，分别是六十、九十和一百分的高度。

周末每天下午三点多，父亲就和她一起到学校的一个运动场，练五十米跑，练立定跳远，但重点的内容是练实心球。他们按照下载的教程，从熟练动作开始，认真练习。

晚上，中间休息和睡觉之前，他们一起做两项锻炼：一分钟仰卧起坐和立定摸高。

每天，除了带沙袋，他们家的十八公升的瓶装水也成了她锻炼体力的设备，每天早晚，她都练习一会儿，抱起放下，以锻炼手和双腿的力量。

原来由父亲做的换水的工作，自然也落到了孩子身上。饮水机一米多高，起初换水很费力，她往往尝试几次才能换好，经常累得喘气。但是，每一次，她都能咬着牙坚持，直到把沉重的水瓶在饮水机上装好。

好，就是要这样！爸爸对她说过，人生的许多成败，区别就在一咬牙之间。放弃了，就不可能再有进步。但是，咬着牙，多坚持几次，就可以成功。

每次换水，父亲都会站在她的旁边，预防不慎之中可能的闪失。

体育考试在四月底最后一个星期二进行。

觉得最有把握的五十米短跑，她失利了。

第一次起跑，她应哨而起，飞快地跑了几米。但是，因为有人抢跑，老师吹了哨子重新起跑。

第二次起跑，看到旁边有人抢跑了，她就没有起跑，以为老师会吹哨重来。发现老师没有吹哨，她愣住了，不知道怎么办。直到老师冲她喊了一声："快跑啊！"她才回过神来，拔腿狂奔，结果只跑了八秒一，只得了九十三分。

　　她觉得很懊丧。父亲也有些自责，她忘记了叮嘱她，起跑的时候，只要有令就跑，不要分心注意别人。实际上，有时候，有人抢跑，老师不一定就能发现。

　　考试的时候，分心注意别人都可能会引起出错，体育考试也是如此。

　　但是，试已经考过了，就不要再放不下，要把别的项目考好。

　　可能是因为五十米的挫折，激起了她的狠劲。实心球她居然投了七米四十，得了九十六分。他们对她这个项目的预期是九十分，平时练习的时候，她基本只能投在六米五十左右。

　　吃饭时，她说投掷的时候，心里在说，这次就把命豁出去了，不成功便成仁！

　　说得大家哈哈大笑。

　　在摸高、立定跳远和一分钟仰卧起坐三个项目中，他们选择了仰卧起坐。考试时她发挥得比较正常，做了五十四个，得了一百零四分。

　　合计起来，她的体育考了三十九分，他们觉得很满意。

　　坚持半年多的锻炼，除了分数之外，他觉得她在体质方面也有了进步。明显的是双手的力量，最初她抱起十八升的水是有些吃力的，后来就比较轻松地换水了。

最像学校的迷宫

转眼就要到中考报名的时间了。从她初三历次考试的成绩和区模拟考试的排名，结合他们学校历年考进华师附中、广东实验中学（省实）和执信中学的人数，他们觉得可以报考这三所学校，这是当时公认的市里最好的三所高中。

他们决定抽时间到这三所学校去看一看，以获得学校的第一印象。

还远远没到各校的开放日，他们就开始行动了。

第一站父女俩去了省实。广东实验中学高中部虽然距离比较远，但近地铁线，来往很方便。并且，前一年高考，省实摘了五个全省状元，风头很劲。

从坑口地铁站出来，从桥下穿过一道高架路，还没进入省实路，就见到了路口几条祝贺省实摘得某科某科某科状元的跨路横幅，醒目地吸引了他们的注意。

进入省实路就可以看见省实。省实路是一段短短的街道，似乎只有省实一个门牌。没有车流，除了学生教师和家长，鲜有其他的行人。

道路的南侧没有建筑，沿着一道河涌是一片二十来米宽的绿化带，中有一条小路，穿过花草树木，蜿蜒延伸。绿化带靠街道一侧，是比较宽阔的人行道。

小路和人行道都用砖石铺得很坚实，路面很干净，没有枯枝落叶的影迹。

没有熙熙攘攘的行人和交通，相对于处在闹市中的另外两所中学，这个环境更为幽雅。

只是，广州的地铁一号线在前一个站就上了地面，列车从校门前方不远行过，会有一些轰隆隆的声音。

星期六下午，校门没有关闭，门口的栅栏式大门没有拉全，在门卫一侧还有个一米多的口。女儿挽着他的手，他们大踏步走了进去。

进门的时候他扬手向站在旁边的门卫做了个打招呼的手势，门卫没有拦阻。

他觉得那天是很特别的，栅栏门没有关闭，方便了他们的进入。省实的门禁是比较严的，行人只能通过门卫室旁边的小门进出，教师学生要打卡，家长要登记。周末来接学生时，家长要说清楚学生姓名班级和宿舍号码，对得上才能进入。

大门内有个绿化景观，中间是个喷泉，后面有个风水球。

穿过景观，他们从正面进入了教学楼的一楼。一楼的一侧，是高一的教学园地。他浏览了一下，展示的内容很丰富，包括教学经验交流，作文展示，考试分析，以及语文数学英语三科总分前一百名学生的排行榜。

展示的内容给了他很好的印象。他觉得省实的老师们教学认真，展示的作文点评和考试分析都做得很具体细致。他尤其喜欢那个成绩排名，按最近一次月考的总成绩，从一到一百列出学生姓名。省实每年招一千多名学生，公榜表彰前一百名优秀生，对学生整体来说，应该是有着标杆和榜样意义的。

据说，有些学校考试后只告诉学生分数，其他信息就一概保密，甚至连试卷也不让学生看。对那样的做法，他觉得非常难以接受。

作为家长，他无法参与孩子学习的所有细节，但他必须清楚知道孩子在学生群体中所处的位置。孩子各科的学习情况，要在考试中与其他同学比较才能正确估计，一个孤立的分数是说明不了任何问题的。同样，试卷的分析也是很重要的，如果连试卷都不让家长看，家长怎样去了解孩子各学科学习中的长处和短板呢？家长又如何能有针对性地去指导自己的子女的学习呢？

他们继续向里，走到另一幢楼房。这也是一幢教学楼，一楼依然是教学园地，应该是高二的。栏目板块与高一的基本一致，只是分了文理两科。

他们上了二楼，沿着走廊和楼道在几幢教学楼、实验楼和行政楼转了一会儿。

他们惊异地发现，各幢教学楼、实验楼、体育馆和宿舍之间，在二楼和三楼都有空中走道（廊桥）连接，可以很方便地在各个建筑物之间来往。这样的建筑设计，显然可以避免放学时所有人都要通过窄窄的楼梯一直下到地面的情况，有了多条可选择的道路，避免过度拥挤。

这廊桥的设计，就让人看到了学校对学生的关爱和考虑问题的细致。

廊桥与各教学楼和实验楼的走廊相连，有些回廊蜿蜒的样子。他想起了电脑游戏《仙剑奇侠传3》景天与重楼在天庭决战的那个迷宫，就说："这是一个最像迷宫的学校。"

女儿大概也想到了同样的场景，笑着回应父亲的话："不，爸爸，这是个最像学校的迷宫！"

确实，是个迷宫！他们刚才在那几栋楼转来转去的时候，因为边走边看边谈论，真的就走错了路，一时间弄不清楚是处在哪一幢大楼的哪一层。

然后，他们看了学生宿舍、饭堂、运动场和小巧的后花园。

从教学园地的内容和学校的环境，他觉得这是个很不错的学校。并且，早一年高考，这里还考出了总分状元和几个单科状元。

出了大门，他问女儿对学校的整体印象。

女儿说："很喜欢这个迷宫，中考就报它了。"

爸爸再问："还要不要看看另外两所学校？"

女儿说："不看了，就认定它了。"

他也很赞同女儿的决定，中考就瞄准省实。把正考和择校的志愿都放在这里，肯定是可以考上的。另外两所中学，他也曾经到过，对他们的教学和管理，也已在家长们的议论中听说过。

在各校的开放日，妈妈也去看了省实和另外那两所学校，比较之后，也觉得应该选省实。

第八章

高中的学习：怎样攻克难点

无缘考实验班

中考考了六门，语文、数学、英语、政治、物理和化学。

考了三天，她早上出门，中午回来吃饭，下午再去考试。三天平平静静就过去了。

然后是等待放榜的日子。那一年公布成绩的方式很特别，是按考生总成绩的排位公布的。全市十一万七千多考生分为ABCDE五个等级，每个等级都从00001开始，A等是总成绩排在前面的四分之一学生。

考后不久，就收到了成绩单，她在A类的二千多，全部考生的百分之二左右的位置。这个成绩，入读任何一所学校都应该是可以的了。

从各科的情况来看，她的数学、语文、物理和化学都考得很好，只是政治考得差些，英语也不是很理想，这两科拖了总分的排名。

几天之后，提前批就开始录取了。那天晚饭以后，有三位好朋友来到她家，准备一起观看晚上八点半广州电视台公布的各校的录取情况。

到了八点半，她们却又胆怯了。她们都不敢看电视，齐齐缩回到她的房间，让爸爸妈妈记录她们志愿学校的录取情况。

提前批二十余所学校都公布了录取学生的最低成绩编号，她和她的几个好朋友都考进了自己的第一志愿学校。

听了爸爸妈妈的报喜，她们发出了一阵欢呼，从房间跑出，在客厅里蹦蹦跳跳，击掌相庆。

她顺利地进入了广东实验中学高中。这是他们在初中开始时就定下的目标，现在实现了。

按历年情况，录取后省实还有一次分班考试，他们等待学校通知具体时间，希望在分班考试时能进入实验班。

可是，通知却一直未来。

父亲打电话到学校询问，得到的回答是实验班考试的通知已经发出。但是，他们一直没有接到通知。

他继续与学校联系，老师回答说这次遴选实验班的范围不是全体新生，只有录取成绩在三百五十名以内的学生，才有资格参加分班考试。

他想再争取一下，就带了女儿初三参加全国中学生数学联赛获得二等奖的证书和历次数学奥赛的获奖证书，到学校找了主管副校长。副校长看了证书，问了些有关情况，对她的学习很肯定。但她表示因为参加考试的范围是行政会议定的，不能做例外的批准。

不过她说："高二分文理的时候，还要重新分班，到时还有机会进入实验班。"

"并且"，她说，"那个分班才是重要的。一年级各班教学进度完全相同。"

回来的路上，孩子的情绪有些低落。父女俩在地铁站站台的凳子上坐了半个多钟头，从中考各个科目的排位讨论了她的学习潜力。

父亲认为平行班也不一定就比实验班逊色。省实的老师大都有比较好的责任心，实验班与平行班的教学水平不会有太大的差异。并且，特别重要的是，她的学习一直比较自主，对老师的依赖性不高。而且，高二要分文理科，理科不用考政治，加上用一年时间抓好英语，就完全有把握进入前一百名，进入实验班是必然的事。

最后，他们确立了高中阶段努力的目标：高二进入实验班，高考时争取能进入一所全国最好的大学。

然后他们上了地铁坐车回来。在地铁上，父亲说："周六他们考试的时候，我们干脆去香港迪士尼乐园玩一天吧！"

那时香港迪士尼乐园刚开业不久，他们曾经有过去玩一次的计划。他们手上也有有效的香港通行证。

于是，那个星期六，他们一早就赶往香港，还没到开门时间，就到了迪士尼乐园。

他们玩了一整天，直到看完烟花，公园闭门之后才离开。回到家已经是深夜一点多钟。

快快乐乐地玩了一整天，消除了不能考实验班引起的挫败感。

九月，开学后，她进入了省实高一的一个普通班，开始了又一轮的学习竞赛。

周末的乘客和车上的游戏

省实高中部在城市的西部，从家里去上学，要穿过整个城市。因为主要是坐地铁，没有交通拥堵，路上花的时间不算太多，一个钟头多些就可以从家里到达学校。

孩子开始了住校的生活，星期日傍晚，五点左右从家里出发，回学校上晚自习，星期五下午五点多从学校回来，七点回到家。

省实允许学生带手机，但只能在宿舍使用，不能带到教学楼。因此，晚自习之后，休息之前，她可以跟爸爸简单通一会儿电话。

那时，很多学校不允许学生带手机。省实这样人性化的管理方法，他们很赞赏。

星期五下午，五点左右，爸爸会从家里出发，来学校陪女儿一起回家。时间早就直接到学校，不然就在某个地铁站会合。

星期日，他再陪她回学校。

学校、老师、同学、舍友、宿舍、饭堂、运动场，新的学校，新的感受，来去的车上，在与女儿的交谈中，父亲了解孩子的感受，分享孩子的快乐，也更多地了解了学校和班级的情况。

游戏也还是他们在车上的重要内容。他一直都觉得与女儿玩游戏非常有意义，不但可以增进智力，还可以增进两代人的相互理解和加深亲情。

许多家长经常谈代沟，因为代沟的存在而难以跟孩子沟通。他觉得代沟的形成，与缺乏陪伴和平等交流，是直接相关的。他不太认为他与女儿之间有着所谓的代沟，因为他们对许多问题都有相当一致的看法。

谜语还是他们经常性的游戏。

比起小学时的谜语，她出谜有了很大的不同。

小学时期，她出的最典型的谜语可以列举一下。

第一个例子："五谷抽签搞卫生，稻稷菽黍都没输"，猜一个店名。答案是"麦当劳"。

那个时刻，他们坐公共汽车从一个麦当劳店前经过。

稻稷菽黍都没有抽到签，自然是麦子要搞卫生了。这是很不错的谜语，虽然谜面有些生涩，是小学生的特点。

第二个例子："举刀宰唐僧"，猜西游记人物。谜底是"沙和尚"。沙谐音杀，也很有意思，很有小学生的味道。

第三个例子："帮爷爷按着没钱的袋"，猜西游记人物。谜底是孙悟空（孙捂空），滑稽有趣，天真可爱。

高中阶段的谜语，可以列出一些。如："减肥有术"，猜红楼梦人物。谜底是"秦可卿（轻）"。"砍掉了一片树"，猜金庸小说人物。谜底是"林平之"。

觉得已经不再生涩。

而"蜡炬成灰泪未干"，猜一个字，就觉得含义更悠远，更有文采了。这个谜的谜底是"浊"字。

他们都喜欢诗。在车上。他们"发明"了一种游戏——诗词接龙。这种接龙，不是以首字接尾字那样刻板，而只要求意义相接。这样的接龙，严谨却不呆板，自由却又不失规矩，特别让人玩味。

从小区门口上车，到后排的双人座位坐好，孩子就建议："爸爸，再来玩诗词接龙吧！"

想想，这一次该谁出题，该谁开头了呢？

她说："哦，爸爸，这次应该是你开头了。"

"好，那你给我出题吧！"

她看了看天，天气很好，天高云轻。

她说："以天空开始吧！"

好的。天空的诗句很多，容易开头。

他咏出一句："月落乌啼霜满天，江枫渔火对愁眠。"

女儿说："老爸，有天字了，不能算，要重来！"

哦，对的，说天空，但不能出现天空的文字。

"好，那就换一句吧。黄河远上白云间，一片孤城万仞山。"

白云间，是天空了。

"结尾是山，你以山来对吧！"

山的诗句也不少的，她随口就对上了："即从巴峡穿巫峡，便下襄阳向洛阳。"

"巴峡巫峡都是山，接得好！结尾是洛阳，取城市还是帝都呢？"

"都可以吧。不过，老爸，似乎那时洛阳不是帝都哦？长安才是呢！"

"洛阳是东都。"

"那就都可以吧，反正帝都也是城市。"

好的！"紫泉宫殿锁烟霞，欲取芜城作帝家。"

"好！有芜城，也有帝家，城市帝都都有了！"

"最后是'帝家'，你得用帝都来接了。"

她接得好快:"洛阳亲友如相问,一片冰心在玉壶。"

父亲轻轻鼓掌:"好,接得好!直接就用了刚才的东都,好省事啊!"

现在是"壶"了。

"好!美酒成都堪送老,当垆仍是卓文君。"

女儿说:"老爸,你这句有酒,但没见到有壶啊!"

父亲:"卓文君当垆卖酒,自然是一壶一壶卖的啊!"

她笑:"哈哈,有道理!算是通过了。"

父亲:"是啊,如果我说'花间一壶酒,独酌无相亲',那肯定是通不过的啊!"

女儿:"是的,有个'壶'字了。似乎这个'壶'字,是不太容易接的呢。"

父亲:"似乎,确实是。如果用喝酒的诗,自然是对不上的,因为喝酒都是用杯。"

女儿:"也有用碗的,武松不是三碗不过冈吗?"

父亲:"对,不过,也不是'壶'呢。"

女儿:"所以,似乎,只有卖酒才对得上这个'壶'字。"

父亲:"卖酒用壶应该是普遍的,《水浒传》里,不是经常都是要店家'温一壶酒'的吗?"

女儿:"是的,是的!"

父亲:"好!现在来了个卓文君,来了个女子。"

她说:"不过,这个好接,女子的诗太多了!嫦娥应悔偷灵药,碧海青天夜夜心。"

他赞了一句:"好!用嫦娥对卓文君,也是对得紧密。"

她说:"现在是夜夜心。老爸快接吧!"

这个也容易，说情而已。他用了长恨歌的句："蜀江水碧蜀山青，圣主朝朝暮暮情。"

她说："老爸，'朝朝暮暮情'对'碧海青天夜夜心'，真正是对得太好了！还以为老爸会接'问君能有几多愁，恰似一江春水向东流'呢，现在我就用它来接了！"

"噢，这样接，也太现成了啊！"

"不管啊！反正是接上了！该老爸再接了！接'向东流'！"

"好的，好的，向东流，向东流！很多江都是向东流的啊！"

"好，老爸，那就快接吧，随便用一条江。"

"好！故人西辞黄鹤楼，烟花三月下扬州。向东流了啊！"

"这也太容易了啊！"

"哈哈，跟你刚才一样容易，接扬州吧！"

"好，扬州，城市。姑苏城外寒山寺，夜半钟声到客船。"

"好！用苏州来接扬州，两座城的距离还很近呢！"

"爸，远近都无所谓。现在是船了。"

"船？我用车可以吗？"

"不可以，船在水上走的，车不能去！"

船就船吧！在水上走的，也容易。

"玉玺不缘归日角，锦帆应是到天涯。"

她说："老爸，你这'锦帆'倒是大大胜过'客船'了！"

"哈哈，当然啦！那是隋炀帝的龙船啊，超级豪华！"

"刚才还在苏州，你这么轻轻一走，就到天涯了！"

"天涯了，遥远缥缈，无边无际的，是不是不太好接了？"

"不会的，'春明门外即天涯'啊……"

"哦，宝贝，不行啊，诗句里不能有'天涯'啊！"

"老爸,别急,别急!我不是接,我只是想说,天涯并不远……"

"哦,好,好,好,好!"

想了一想,她说:"老爸,接了,刘郎已恨蓬山远,更隔蓬山一万重。"

"宝贝,你这远是远了,就是,似乎,好像,貌似没有什么可以对上'天涯'的啊!蓬山?很具体的呢!"

"嘿嘿,老爸,老爸,我接的是'到天涯',走得好远啊!"

"哦,是的,是的!老爸老矣,居然刚才都绕不出天涯的思路了!"

"老爸未老啊!只是,锦帆到了天涯,我们的车也到站了。"

啊!是的,准备下车吧!我们要去转地铁了!

这样的诗词接龙,他们在车上来来往往,一路走一路接,沉醉在那些美丽的诗词文化的意境里,得到一次又一次心灵的熏陶。

读一句好诗,闻一句好词,对爱诗的人来说,都是熏陶,都是一次心灵的沐浴!

快速提高英语成绩

女儿中考的英语成绩不太好,拖了总分的后腿,进入高中,第一件事就是要快速提高英语成绩。

开学前,父女俩就讨论了英语的学习问题。

父亲认为,英语学习在相当大的程度上是要用记忆力进行的,起码在最初的阶段,必须依赖于记忆力。那数千个乃至数万个英语单词和短语,不可能不记忆。

没有记忆,就不可能学会语言,我们自己的母语里,几千个汉字,都是一笔一画地记住的。只不过几千个汉字的记忆,人们花了许多年,而英语的学习,却又总想一蹴而就。

并且,我们是在汉语的环境中学习汉语的,每时每刻都在与之打交道。就这样的情况下,又有多少人掌握了顺利阅读和流利书写的本领?而英语学习呢?我们是在非英语的环境里学习英语的,撇开了记忆,就没有学习的可能。

记忆总是艰苦的,所以许多人就信口开河地提供不用记忆的捷径。要结合课文记单词啊,放在课文里多读就慢慢熟悉了啊,要培养好语感来学词汇啊,等等,这些都挺有道理的,也是背记英文单词的好方法。但是,所有这些方法,都必须在背记生词的基础上进行,如果不下功夫背记单词，这些方法都难以奏效，更难在有限时间投入的情况下快速见到效果。

就因为有太多的人不愿意艰苦记忆，所以许多人学英语反而非常艰难。

他自己是大学第二学期从二十六个字母开始学英语的，也只是开了一年的课。因为是高考恢复之后的第一批大学生，同学们的学习经历相差很大，老三届的同学学过多年的英语，已经有了比较好的阅读能力，来自城市的学生也有过一定程度的英语学习经历，有了一定的语言基础，而来自农村的学生，大都连二十六个字母都写不全。学校为了照顾不同学生的学习进度，分了快班和慢班，他被收进慢班里。

他不相信任何捷径，认准记忆是积累词汇的唯一道路。每天早晨或上午看一两页英文教材或读物，在一个小本子上记下二三十个生词，包括生词、音标、词性、中文意思，然后强记下来。中午和晚上睡觉前匆匆复习一遍。第二天一边复习一遍，一边再去看新的课文或读物，再背记新的生词。

当天学的新词汇，除了当天再复习两遍之外，第二天早上和第三天早上再看背一遍，然后是第五天、第七天再一遍。然后就相隔二三个星期再复习。

复习的时候，拼读一二遍，手写背记一二遍。

这样的学习方法让他进步很快，一个学期之后他的成绩就进入班级前列了。

再继续坚持了两年，四年级考研的时候，他的估计词汇量达到了八千多个，顺顺利利地过了考研关。再坚持了一二年如此的学习，后来的所有考试，教育部英语水平考试（EPT）、托福和雅思，都过得相当顺利。

他学英语的时候,市面上还没有什么流行的教材,他的学习材料是英语读物、小说简写本之类。先把整本的生词过了,再回头去读整本读物,语感啊,使用方法啊这些,就都建立起来了。

词汇没问题了,语法是比较容易弄通的。

对于女儿的英语学习,他一直是不抓的,直到高中才重视。他认为,在小学和初中阶段慢慢积累一些基础,在高中突击一二年,高考时就可以考高分了。

女儿从三年级开始学习英语。他对女儿的要求就是跟得上,课程考试不低于九十分,更低也不要低于八十分。四年级,女儿说班上很多同学跟一个老师星期六下午上一节课,他觉得跟着听听也不错,就交了一个学期的学费,让她去参加了那个班,十多个孩子一起听老师重讲他们的课文。听了两三次之后,女儿觉得重复一次听课没什么意思,就不去听了。

他觉得,从小学到初中,即使花一两倍或更多时间去学英语,所取得的所谓优势,别人在高中花一个学期就可以赶上来。许多人在小学时期英语很拔尖的,到了初二基本就让人超越了。但是,在小学和初中这个时期最应该发展的兴趣和思维力,却会因英语花了太多的时间,没有得到应有的激励而发展迟滞。而这个方面的差距,即使后来花再多的时间,也是无法进行弥补的。

前面讲过,人的潜能如果不能及时激发,是会慢慢衰退,慢慢递减的。

因此,在小学和初中阶段,父亲对她的英语学习没有更多的要求,只是跟得上,中等上一些的水平就可以了。

高一,开学的摸底考试,女儿的英语成绩在群体的中位,一千零七十多个学生，她排位是五百三十多，中位数左右。

根据爸爸的建议，她用小本记下生词，每天二到三遍背记，重复交替地学习。这样坚持了一年，到第二学期末，英语成绩就前进了四百多名，在年级前一百多些的位置。

高二第一学期，她的英语再明显进步，进入了年级的前几十名。一年多些的时间，成绩差不多跃升了五百位。

高二下学期，经过初选、复试和面试，她获得了新加坡教育部全额奖学金，提前到南洋理工大学留学。

据说，复试的英语考试难度基本达到大学六级。

面试是全程用英语进行的，对口语和听力也有比较高的要求。

建立物理思维

高一下学期末,女儿要选科了。那时高考的模式是三加一加综合,即语文数学和英语是必考科目,理科考理科综合,选考物理、化学或生物,文科考文科综合,再选考历史、地理或政治。选学哪一科,将直接影响高考成绩。

高一期末总考,她的化学考了一百四十六分,百分制相当于九十七分,在年级属于最高分的群体。物理只考了九十二分,百分制相当于六十一分,只是及格的水平。

尽管物理的考试成绩并不理想,但他们还是按照原来的决定选学物理。

在上报选科的前夕,女儿可能有点犹豫,给爸爸打了电话,说:"爸爸,我的物理与化学相差五十多分啊!"

爸爸说:"是的,我知道。你当然可以学好化学,但我认为,学物理会让你的优势更加明显。"

女儿说:"现在的成绩和一年级的历次考试,我都是化学胜过物理呢!"

爸爸说:"是的,我知道,这个也与你分析过。"

他说:"你的最大的优势在于逻辑思维能力,在同龄人中很有优势。化学学科的学习虽然也需要较好的思维能力，但一定程度上还是需要硬记的功夫。而硬记的能力，在你的同龄人中，有许多人与你不相上下。所以，学化学不是你的最好的选择。但物理就不同，它虽然也需要一定的强记，但更倚重逻辑思维，这就让你更容易领先于别人。"

女儿问："爸爸，你真的对我学物理那样有信心吗？"

爸爸说："当然啊！你的思维力那么好，没有学不好物理的道理！"

女儿说："但是，我这一年没有显示出物理的优势啊！"

爸爸说："是的，这一年，我们主要抓英语。现在你的英语上去了，我们转抓物理。我有信心，在一年之内，你的物理也会像英语一样迅速进步！"

于是，她下了决心，选学了物理。

虽然物理的分数比较低，但因为语文数学和英语成绩都很好，她进入了物理实验班——实现了他们制定的高中阶段的第一个目标。

这个班性别比例很不平衡，五十八位同学，只有八个女生。

高中入学时排名最低的英语科目，她花了一年的时间，成绩进入了年级前列，可以顺其自然地正常学习了。这个学期，重点投入力量的学科是物理。

对于专业科目的教与学，他曾进行了比较深入的研究，发表了一个叫作"教学层面"的理论。

他认为，一个学科，一门课程，其内容从低到高，可以分成至少三个层面（层次）。

学科内容的最低层面是学科知识，是前人发现的一系列事实和经验的集合。

学科知识主要是描述性的知识，是关于学科的一些事实和经验，说明"什么是什么"和"什么不是什么"之类的知识性问题。比如"水稻是植物""猪不是植物""三角形三个内角之和等于两直角""距离是运动速度和运动时间的乘积""两直线相交对顶角相等",等等。

平时老师们强调的所谓"知识点",主要就是学科知识。

学科内容的第二个层面是学科原理和方法,学科原理是对学科知识的发现和发展的阐述和解释,学科方法则是具有学科特性的,比较系统的用以获得学科知识的方法。

学科原理是对学科知识进行的解释与阐述,借以说明"为什么什么是什么"和"为什么什么不是什么"。例如利用特征和分类方法解释"为什么水稻是植物""为什么猪不是植物""为什么距离是运动速度和运动时间的乘积"等。

聚焦在以上两个层面的学习,都只是碎片性和局部性的学习,所掌握的学科知识是零散的、割裂的,不能反映学科的真正面貌,无法把握学科的内在精髓,无法对学科知识、原理与方法进行灵活的、有创造性的运用。

绝大部分学生的学习都处在这两个层面。他们对学科的学习重在记住,在解题方法上,喜欢直观,喜欢用套路,缺乏灵活性和创造性,对难题和没有见过的题目类型,往往束手无策。

学科内容的第三个层面是学科思维,指在学科发展过程中所形成的思维方式、思维方法和思维规则。学科思维带有一定的学科特性,但也超越于学科范畴之上,带有一般性和通用性,甚至带有理念的色彩。

这个层面应是学习的重点,也是一个人可以真正掌握学科内容的重点。因为学科相关的原理和现象,未知问题和可能状况,都可以通过学科思维得到解决。

这个层面的学习是真正属于学生个人的学习,而前面的两个层面,都可以由教师进行的灌输配合记忆习得。为了迎合大多数学生，许多教师煞费苦心，总结出许多套路和模式，让学生去背记，这又进一步加剧了记忆性学习这种死读书的学习方法，削弱了学科思维的形成。

在学科思维的层面，物理学与数学真正融为一体。看看物理的历史，从牛顿三大定律，麦克斯韦电磁学，到爱因斯坦的相对论，物理学的最高形式无不是以数学为最终的表示方式，也无不是因为转化成数学形式才获得显著进步的。

因为女儿的数学学得好，有比较好的思维能力，所以，他认为女儿是容易学好物理的，并且学习成绩可以优于绝大部分的同龄学生。

在物理学习过程中建立物理思维，就成了她高二学年的重点内容。

这样的学习，首先要突破教师的套路，也就是要杜绝用记忆的方法去硬记任何解题方法，而是用物理思维来解决物理问题。

在她小学三、四年级的时候，他们用多一步的方法突破了教师的数学套路，使数学学习走入思维层面，而坚持了三年多的奥数学习，使思维力得到了比较好的发展。现在呢？思维力进入了比较好的发展状况，思维性质的学习习惯也已经形成，建立物理学科的思维学习方式，就水到渠成了。

他给女儿总结了一个进入物理思维的简单模式，就是把所有的物理问题，解化为物理的元素和物理原理，用数学思维的方法加以解决。

高二第一个学期初，爸爸和她一起讨论了这样的方法。在上物理课的时候，她向物理老师讲了他们这种方法，然后问："我爸爸让我这样来学物理，您说这样可以吗？"这位物理实验班的物理老师思考了片刻，对她说："我回去思考一下，过几天再回答你。"

过了几天，再上课的时候，物理老师对她说："这样的方法很有道理。"

她总是能很准确地理解爸爸的想法。她的物理学习超越了记忆和套路，进入了思维的层面。她的成绩也很快提高。高二第一学期初，一百五十分的物理考卷，成绩还是九十多分，在实验班里差不多在倒数的位置。但第一学期末的考试，她的物理成绩到了一百二十多，在班里进入中等，二十多名，中位数稍前的水平。

第二个学期中段考试，她的物理成绩又进了一步，考了一百三十多分，班里排在第五。这是让父亲也惊诧的进步！他本认为，女儿只能在高三才能进入他们班的前几名。毕竟是物理的实验班，每个人都是学物理的强手。

这一次考试，她的总分排进了年级理科生的前二十名，考进一所全国最好的学校——他们在入学前制定的第二阶段的目标——可能性更大了。

期末，她的所有考试都得心应手，总分排进了年级的理科前十。也是在这个时候，她获得了新加坡教育部的全额奖学金，高考成绩已经不再重要。他们的学习重点，转向提高她的英语语言能力，以备出国时能更快适应在英语语境下的课程学习。

建立了物理学习的思维方法，对她在大学阶段的学习也有强有力的推动，在后面的文章中再次叙述。

一步一步地进步

他挺喜欢省实，对他们考试成绩的通报，尤其喜欢。

省实一个月左右有一次比较规范的考试，一个学期共有四次。期中和期末考试之后，学生就会收到成绩通报。通报很扼要，也很翔实，可以反映学生每门课程的具体情况。高一学年的成绩通报包括各科的考试成绩、班排名和年级排名、年级平均分和年级最高分，语数英三科总成绩、三科总成绩在年级中的排名，年级的最高分和平均分等。

拿到了这样的通报，家长基本就可以比较全面地了解孩子的学习情况。

学生的教育，学生的进步，不是学校单方面就可以完成的，还必须有家庭的参与。而且，家庭的参与，从某些方面来说，甚至比学校的教育更为重要。毕竟学校的教学需要面对学生的整体，施教水平瞄准的是学生中位稍前的人群，而家长则是具体到自己的孩子，量身定做。

他相信，省实也正是为了能让家庭在学生教育中发挥更有效的作用，才如此翔实地通报学生的考试情况的。

他不知道，是不是每个班都这样通报，但女儿的成绩通报，让他很满意。

每次考试成绩和试卷发回，他们都会在周末花时间进行扼要的分析。不但分析试卷中存在的属于学习能力方面的问题，同时也分析下一阶段如何学习以取得更大的进步。

分析试卷的时候，他们一般不讨论所谓的知识点，这方面的原因已经在前面谈过。试卷的分析，主要是针对学习方法方面可能存在的问题。这是因为在幼儿到初中的长达十多年的时间里，她的基本学习能力和心理调控能力已经有了比较好的发展，已经不再是学习的限制因素，而学习方法，则还需要针对不同的科目和学习的具体情况来进行相应的调整。

考试成绩在年级中的情况，可以让他们找到下一个阶段最需要抓住的主要问题。

比如，语文与数学，成绩虽然达不到年级最好，但与最高分的差距不大，这样的科目，即使花更多的精力，也不会有太明显的进步，努力的方向是保持优势。而英语，年级排名比较后，与最高分差距比较大，进步的空间也更大。因而，在这个科目上多付出努力，收到的效果会更显著。

也就是说，要考虑投入与产出的时间效益。

或许有人认为这有点功利，但实际上，学生必须高考，高考的每一门课程的分数都很重要，如果有一门课的成绩比较低，就会拖了后腿，影响录取。

对于一门课，已经可以拿到百分之九十到百分之九十五的分数了，花再多的时间，至多也只能多考几分。但如果一门课程只拿到百分之七十或更低的成绩，那么在上面花同样多的时间，就很可能多考十几分甚至二三十分，这从时间效益来说，是最大的。

这表面看来似乎是成绩的问题，但转化回来，成绩在学生中的排名实际上反映的是个人在群体中的学习状况。成绩在群体中排名靠后，表明该课程是学习的短板。

成绩差距最大的课程，也就是明显的短板课程，便是下一阶段最需要投入时间和精力的课程。当然，这样的投入不能一成不变，还必须根据每一次考试的情况进行分析调整。

就这样，每一次考试，他们都会利用所有的信息进行分析，总结经验，提出新的努力方向。这样，每一次考试，女儿都有新的进步，他们的信心越来越强。

每次，他们有了共识之后，爸爸会做出一个预期，预期下次考试女儿可以进入的名次范围。

每次，考试成绩通报之后，她都会在晚上回宿舍后给爸爸打电话，说："爸爸，考试成绩下来了，你猜猜我排在什么位置？"

他会说：嗨嗨，不用猜，肯定进入了前多少多少了。

这个排名范围是他们预期的。

然后，她就说出考试成绩的排名。每次都比他们预期的稍好一些。

有一回，女儿对爸爸说："爸爸，每次要公布考试成绩，我都有点紧张。"

爸爸说："不要紧张啊！试都考过了，为什么还要紧张呢？"

她说："我怕我考低了，达不到爸妈的要求！"

他说："其实你应该明白，我们做的预期，不是一个任务，不要把它当作任务。它只是一个预期，是我们觉得以我们的方法，可以达到那样的结果，是我们对你的学习能力和方法的一种信心和综合估计。如果预期结果达到了，证明我们的方法是切实可行的，如果没达到，我们就要反思一下原来的分析，再作调整。"

她说："这些我也理解，但总是有点紧张。"

爸爸说："有点紧张也是免不了的，毕竟考试是学习效果的检验。

不过，我们应该相信我们的方法和能力，是经得起检验的。"

高一的第一学期，她期末考试的成绩进入了他们预期的前一百名。总分和三科总分排名都是八十多位，年级学生百分之八的位置。

这是很好的开头，入学的时候，她的成绩在三百五十之外，连考实验班的资格都没有。

进步是值得高兴的，这说明他们的分析结果是正确的，也证明她是努力的，学习方法是有实效的。但这只是第一个学期，在尖子云集的一所中学里，每个人都在努力，都有比较好的学习能力，都期待着下一阶段有更大的超越。因此必须要保持旺盛的学习热情，坚持不懈，在竞争中保持优势。

他们分析了期末考试的情况，主抓的还是语数英三科，差距最大的依然是英语，与英语第一名有五十分的差距，得分率只有百分之六十。英语仍是重点投放精力的科目。

第二学期，她各科继续进步，英语也进步明显，这一学期，总分排名进入五十多名，进入他们预期的前百分之五的范围。

二年级重新分班，她选读物理，进入了实验班，实现了他们一年之前设定的目标。

同前面讲述过的一样，选修物理为主科时，她的物理成绩并不好，只有刚刚及格的成绩。因此，在二年级，物理成了重点攻克的科目。

他认为，建立物理思维，是解决物理学习被动的最有效的途径。

她突破了套路的学习方式，从物理思维的角度去思考物理的问题，进步很快。到二年级下学期末，考试总分进入了年级理科生前十。

现在有不少议论，认为学生不应该比成绩，考试之后，学校不应该排名次，甚至有人认为成绩都不要通知家长。他觉得这是有偏见的。显然，有这样的意见的人，看到的只是学生的考试成绩和名次这些表面的东西，而没有看到在其后面所包含的许多有关学习能力和学习方法的更有价值的信息。

"以人为镜，可以明得失"。学生的得失，学习成绩是最重要的一个标志。在哪个科目学得好，在哪个科目学得不好，必须与在一起学习的同学做比较才能发现。也只有通过与同学的比较，才能够判断，哪一个科目才是学习的短板，需要投入更大的精力。

考试之后，家长与孩子一起分析试卷，分析分数情况，制订新的学习计划，是很有意义的。一方面，家长应该比孩子更有经验，更有分析问题和处理问题的能力，参与进来，会使分析结果和学习计划更可靠，更具操作性。另一方面，家长的参与，显示了家长对孩子学习的重视，会增加孩子学习的荣誉感和信心，激发他们学习的主动性。

第九章

大学，努力向前

意料之外的海外奖学金

高二的第二个学期,四月的一个晚上,女儿给爸爸打电话,说新加坡教育部在他们学校的高二学生中选拔学生,在年级中进入前百分之五的学生可以报名,班主任动员她去报考。她来电话征求爸爸的意见。

因为有过剑桥大学的经历,他比较推崇英式的博雅教育。新加坡教育就是典型的英式教育,新加坡国立大学和南洋理工大学在世界高等教育中都有很高的声誉,在当时的世界大学排行榜上,都领先于国内的所有学校。所以,当了解到考试是由省教育厅组织的时候,他当时就说,可以报考。

她说:"爸,如果我考上了,下半年就要出国读书啊,老爸舍得吗?"

他说:"孩子总是要长大,要离开家的。如果能拿到奖学金,到新加坡留学,这对你将来的发展是很有意义的,老爸怎么也要舍得啊!"

她沉默了一会儿,然后说:"好——爸爸,那我就报名了!"

新加坡教育部与中国教育部有多年的合作,在教育发达的省份选拔优秀高中生出国留学。由相关省的教育厅组织,在省示范中学里遴选。高二学生按最新一次重要考试的学业成绩,进入前百分之五的学生自愿报名,经学校和教育厅遴选,由新加坡教育部确定复试名单。

报名之后约两星期,她被通知进入了复试名单。复试的人很多,比预招生名额多了十多倍。

复试通知下达之后,周末就要集中考试。没有告知考试科目。

她打电话给爸爸,询问应该怎样准备。

爸爸说:"无法预先准备的,你轻松去考就是。就当是一次额外的考试吧,参加一下这样的考试也是不错的经历。"

因为复试的地方远离广州,她们学校几个进入复试的学生由老师带队过去。

虽然是由老师带队,但父亲还是不太放心。那时,留学诈骗的事情并不少。虽然这次考试不用报名费,不像骗子所为。并且,他也用网络技术查过,通知女儿复试的邮件确实是省教育厅的电脑发出的。

他找了两位在广州工作的已经毕业的研究生,陪他一起,跟着省实考生的车子,开车前往复试地点。

傍晚,女儿到了目的地。住进酒店之后,她发手机信息告诉爸爸她住的酒店和房间号码,爸爸立即就住进了她斜对面的房间。

他发信息告诉女儿他住在她的斜对面,知道考试地点就发信息。

那是个连锁酒店,隔音并不是很好。晚上,他听到斜对门里她们三个女生的说话声,女儿的笑声显得很轻松。

他问女儿,标准房只有两张床,是不是要有人合铺?

女儿回信息说,临时加了张小床,她就睡那张小床。

父亲问,为什么是她睡小床呢?

女儿回答说,本来有个同学提出抽签来定,但她觉得没必要那样做,就自己选择睡小床了。总是要有一个人睡小床的。

他回信息表扬了她。这种情况能做出这样的选择,他觉得很宽慰,人就是要有这么一点精神。这不是人们认为的所谓牺牲，而是豁达和自信的映射。

第二天早上，她发信息告诉爸爸，考试在某个中学进行，从早上八点到下午四点，老师说考完就回学校。

他们跟着到了那所学校，按指引到了考试的教学楼前面。他想进去看看，但发现教学楼前后的道路都被封锁了，所有路口都有警察守卫，有几辆警车停在大楼前面，说是省教育厅在考试。

研究生对他说，放心了吧，不会有什么问题的。

一直到下午四点多，才又收到孩子的信息。她说进入教学楼时，所有考生的背包和手机都要放在一楼的一个房间里，安检之后才能进入考场，连文具都不能带。上午考综合和数学，下午是物理和英语，午餐就在教学大楼里吃盒饭。直到考完所有科目之后才拿回手机。

她说找到了带队老师，上了车，准备回校了。

没有什么问题！他们也跟着开车回家。

听女儿谈过考试的情况之后，爸爸估计她应该有把握通过复试。但是，考完了，就不要太在意了，安下心，像平时一样学习。

两个月之后，一个星期一的晚上，她打电话回来，告诉爸爸那个奖学金的复试她通过了，星期五要过最后一关——面试。

她问："老爸，面试怎样准备呢？"

他想了想，说："请两天假吧，明天下课后回来，我们星期三星期四准备两天。"

第二天，妈妈到街上给她选了一套漂亮大方的裙子，作为面试的着装。爸爸则在家认真做了一天功课，查了许多资料，把能想到的面试的问题都做了准备。

星期三吃过早饭，一家三口就开始正正规规地进行模拟面试。

他扮演主考官，问了几十个各式各样的问题，包括个人的生活、学习和爱好，特长和性格，学校和家庭，世界观和价值观，教育与学习，环境与生态，诸如此类。

她回答之后，三个人再展开讨论和补充，总结每一类问题的主要思路，熟悉典型的材料。

让他很高兴并略感惊讶的是，她的英语口语相当不错，听力也很好，他们的交流毫无障碍。以前他只知道她们考试都考听力，中考也专门考过英语口语，但他们一直没有用英语交流过。

面试是很随意的考试方式，谁也不知道考官会问些什么问题。只能把握总体思路，在面试的时候临场发挥。

星期五早上，他陪着女儿去面试，许多学生也由家长或老师陪着过来。

他们在三楼一间课室等候。面试的地点在四楼，轮到时会有人通知。

有些学生一进课室，立即就拿材料学习。面试还要淘汰超过一半的人，总是有些紧张。

省示范高中理科前百分之五的学生才有资格报名，报名后被学校淘汰一批，新加坡教育部又淘汰一批，复试又淘汰了一批，面试还要淘汰一批。竞争很激烈，并且都是强手之间的竞争。

有两三个外地考生是她复试那天认识的，一见面就乐哈哈地说说笑笑。

能够如此放松，爸爸在心里为她点了个赞！原本还想跟她说说面试时不要紧张之类的话，觉得没有必要再说了。她的笑声告诉他，那些话是多余的。

当通知她准备面试的时候,爸爸陪她一起上楼,走到楼梯中间的转角处——划定的等候区,等待叫名。

一会儿,一个考生开了门,一脸严肃地走了出来。似乎考得比较紧张。

一个考官站在门口,叫了她的名字。

他把右手食指放到唇上,再印到她的眉心:宝贝,祝你面试成功!

面试的时间安排是十五分钟,他提前三分钟就回到了那个楼梯转角,等待女儿出来。

隐隐地听到面试的课室里传出来的说话声音和笑声,有女儿的,也有考官的,爸爸觉得她的面试气氛很不错,交流比较融洽。

又过了几分钟,她才从课室开门出来,出门的那一瞬间,她笑盈盈地侧身向课室里的考官道别。

爸爸问:"宝贝,面试似乎很开心?"

女儿说那些老师都很好,她回答的时候,他们都乐呵呵地与她谈笑。

他说应该是她的回答引起了老师们的兴趣。

女儿说也不全是,回答得不太好的时候,他们也会笑。

爸爸叫她说个例子。

她说在谈到一个微生物问题的时候,她不知道染色体的术语怎么说,就用了个名词加形容词代替。一个女考官给她纠正,然后大家就哈哈地笑。

考官是赞许她的灵活性,懂得用组词的方式代替术语。

爸爸问她怎么会谈到染色体这么专业的东西。

她说因为谈到了做过微生物的实验,他们就问得比较详细了。

她说还谈到数学和物理的学习，谈过数学的竞赛和学习体会，谈过对大学的希望，问题很广。

后来知道，那天考试的四个考官中，有一位数学教授，一位生物学教授，对她谈到的数学、物理和生物方面的内容，显然会感兴趣。

爸爸说她的面试有二十分钟，大大超过了拟定时间，应该是可以通过了。

她说："爸爸，你为什么会有这样的判断？"

爸爸说："一般说来，面试时间长，表明考官对你的表现感兴趣。"

这是他多年参加各种面试的经验。如果一个备选人表现不理想，面试会潦草很多，往往还没到预定时间就会打发人家离开。

他们在外面简单地吃过午饭，女儿就回学校了，赶回去上下午的课。

当天晚上九点半左右，女儿打电话回来，说面试通过了，第二天早上省教育厅组织会议，举行奖学金授予仪式。下半年就出国。

真没有想到，高二还没结束，女儿就获得了海外的全额奖学金，太让他喜出望外了！

努力向前

虽然出国了,但因为电话方便,父女俩依然三天两头通电话,一如既往地谈论她的学校、老师和课程,讨论学习和生活。

孩子继续保持着良好的学习能动性,在大学的学习成绩同样引人注目。

学校有个院长荣誉榜(Dean's List),表彰年度的优秀学生。优秀生的条件很全面,必须同时符合三个条件。第一,学年GPA 4.5以上(满分为5.0)。第二,在同专业同级学生中,GPA在前百分之五。第三,学年修读课程不低于18个学分。

第一学期,她选修了8门课22个学分,除了3个学分之外,其他19个学分的课程,包括数学、物理、化学、计算科学和经济学原理,她的成绩全部是A+,总GPA达4.86。

第二个学期,她也修读了二十几个学分,照样,主课的成绩全是A+。

第一年,她就进入了院长荣誉榜。学校给她发了贺信,向她表示祝贺。

收到学校的贺信,她立即就打电话告诉了爸爸,也转发了学校的贺信。

这个消息让爸爸高兴得跳了起来，这有点出乎他对她的预期了。她读初中的时候，爸爸对她进行过评估，说她不是一出场就可以引人注目的那种人，但假以时日，她会慢慢进入前5%的水平，发挥得好则可以进到更前的队列。他预期第三年或者第二年，她应该可以进入院长荣誉榜，但没想到却在第一年就进入了。

她不断努力，刻苦学习，继续获得院长荣誉榜和核心课程总评第一名等奖励。四年学习，以平均GPA 4.79/5的成绩顺利毕业，获得一等荣誉学士学位，并被斯坦福大学录取，继续深造。

在香港机场送她飞往美国的时候，爸爸对她说："宝贝，所有的成绩和荣誉都属于过去了，你现在是在新的平台上，与新的对手竞争。爸爸相信你，在新的群体里，你会继续刻苦学习，继续扎扎实实地努力向前！"

初稿写于2017年1月—11月
再改于2022年10月
2023年11月定稿

后 记

本书的正文部分，初稿完成于2017年春天，王向彤先生审阅了初稿，并提出了一些修改意见，根据他的意见，稿件在当年11月做了少量修改。

之后，出于书籍个人影子太重的考虑，本书一直没有寻求出版，只是想作为送给孩子的个人读物，束之高阁，一放就放了好几年。

直到2022年，有朋友与我谈到家庭教育的问题，再勾起我对出版这本书的想法。经过全面的修改，并邀请女儿写了一篇回忆文章，成为此稿。邀请女儿写回忆文章是花城出版社编辑老师的建议，从子女的角度来看本书某些相关事件的教育意义，这更有助于读者从多个角度研读本书。

学习是无终无止的，教育更是漫无边际的。"条条道路通罗马"，每个人都会有可能最合适的路径，本书的个例，只是其中的探索之一。希望读者可以理解本书内含的教育理念，在家庭教育中，探索出适合于各个子女培养的有效方法，获得理想的效果。

如需要讨论本书相关的问题，可以通过电子邮件联系。

王振中　2023年11月于广州天河

电子邮箱：zhenzhongw@126.com

女儿的话——在爸爸的陪伴下成长

王西蕾

几年前,从爸爸那里得到这份书稿的第一稿后,我就通读过好几遍。每次读稿,都让我回想起少年时代,爸爸陪同我一路成长的许多往事。最近女儿出生后,我再一次读这份稿子,又有了全新的感悟。从前我只以一个女儿的身份读这份稿,便读到了成长和回忆,而时至今日,我身为人母,更体会到了其中的教育意义。如此,在爸爸的邀请下,我决定把我记忆中和爸爸一起经历的,让我印象深刻的事情也一起记录下来,与大家共品。

信任的力量

读本书的时候,肯定会有不少人感觉得到我与父亲之间的有效沟通,这使得我对父亲的指导能够很大程度上理解和把握,并付诸实践取得效果。

许多抽象的系统的能力问题,比如父亲引导我喜欢大自然,引导我怎样观察、怎样思考、怎样把事情做好、怎样提高各项能力因素之类，都是润物无声滴水穿石的功夫。但父亲在书中也写了我学习骑车和游泳的具体例子，却是很直接、很直观的描写，很容易让人在其中看到父亲的耐心、缜密和细致入微。

学习这两项具体"本领"的过程，我的印象也非常深刻。父亲已经在他的书稿中分享过我学习的过程了，我那时候还小，具体的过程和细节自然记得远不如他清楚，但有一点我可以补充的，就是现在想来，在这个学习的过程中，有一样东西发挥了很重要的作用——信任。

在真正学习骑自行车之前，我其实已经练习过使用脚踏板和刹车的动作了——家里曾给我买过一辆幼儿三轮车，爸妈陪我骑那辆小车子在学校里走过许多地方。后来我长大了一些，那辆小车不适合使用了，便送给了别人。然后爸妈带着我去买了一辆带有两个辅助小轮的儿童自行车。很多人可能见过这种自行车，后轮的轴上安装了两个辅助小轮，一左一右，可以撑住两边，帮助还没有掌握骑车技能的孩子保持平衡。

我当时很是兴奋，特别想早早骑上这辆漂亮的车子在路上走。但是，当爸爸说要把这两个辅助轮子拆掉的时候，我心里很忐忑——那时候身边的小伙伴们还没有人会骑两轮车的。我便跟爸爸说没有小轮子会摔跤的，希望爸爸不要把它们拆掉。

但爸爸跟我说两个小轮子会影响我学习真正的骑车技术，拆掉小轮子可以让我更快学会骑车。他跟我讲起了他学骑车的故事。他学习骑车的时候没有任何人帮忙，自己推了辆车就出去学习，摔过不少跤，但坚持不懈，边摔边学，两三个钟头就学会了骑车，第二天上午就骑了三十多公里去了县城。他向我保证，虽然我学的时候可能会摔一些跤，但是很快也会学会骑车的。学会了，就不会再摔跤。他还说在我没学会骑车之前，他会每天都陪我一起学习骑车。他在车座后面竖着捆了一根棍子，告诉我，我骑车的时候他会握着棍子跟着我，不让我摔倒。

我问爸爸我什么时候可以学会骑车。不知道他是怎样估计的，总之，他给了我一个五天的时间，说五天之后我就可以自己骑车了。而我呢？在接下来的几天里，对爸爸的这个回答深信不疑，丝毫没有怀疑过——只要我一直跟着他学习，到第五天，我就一定能学会骑车。而结果呢？没有到那一天，我已经学会了骑车。我记得那时候我可开心了，觉得自己可是提前完成了任务。现在想来，正是我对爸爸的信任，让我那几天可以充满自信地学习。

游泳的情况也是类似。那时候大学的游泳池有开放暑期游泳班，不少同学都去学了。有不少上了好几期也没学会的。爸爸说他要亲自教我，不打算让我去游泳班学，我便跟着他去学了。同样，在第一天他就给了我一个确切的日期，告诉我只要我一直保持学习的状态，就能在那一天学会游泳。同样，我深信不疑，全身心投入，也真正在这之前就学会了游泳。

后来，在我的读书考试征程之中，爸爸也经常告诉我说，他认为我在接下来的多长时间内，可以取得怎样的进步。这时候我年纪已经稍长了，倒是没有最初那么坚信了，对于他的这种分析只能说是将信将疑。那时候这种期待，既带给了我信心，也多多少少有点压力。不过有意思的是，最终我也总能达到他所说的目标。

现在想来，这种情况大约就是人们所说的皮格马利翁效应了。爸爸对我的进步的估计，是他对我进行综合分析的预测，也是对我充满信心的期待。而我，对爸爸的信任，和由此产生的信心和力量，也促进了这些目标的达成。

爸爸对我非常信任，他常常说："我相信我的女儿！"这样的信任，也给我很大的动力和信心。我会告诉自己努力学习和做好自己的事情，对得起爸妈的信任，也要努力保持良好的学习状态和自律行为，维持好爸妈对我的信任。

我觉得父母与子女之间的相互信任，在教育方面，肯定有超乎寻常的意义。

观察和思考

除了鼓励和引导我去学习各种各样的技能以外，爸爸还着重锻炼我的各种不同的能力，其中观察力的训练从我很小的时候就开始了。

父亲经常说我的观察力强。这大概是一种鼓励，但可能也有一点依据。他曾经告诉过我，在我幼年时期，我可以花上很长的时间盯着一片叶子，似乎是很仔细地用眼睛描摹叶脉。而稍大一点之后，同样是据他所说，我总能很快发现周围出现了一些特别的东西——或者是花开了，或者是有虫子，或者是看见了蜗牛，等等。而为了锻炼我的观察力，也为了让我亲近自然，他时常带我到校园、公园、田野，或是生态保护区里观察植物。这些，似乎都是正在为观察力的发育打基础。

当然，看和听——或者准确地说，信息的接收——只是观察的第一步。在这之后，我们还需要对这些信息进行一种处理，这才算是完成了观察。我记得小学奥数的早期课程中，时常有关于"找出数列规律"的内容。我认为这其实也是一种对观察力的检验和训练。类似的题目我们可以在一些"智商测试"中看到，这种测试题目通常是列出一些图案或者数字，让人寻找规律，并填补空白，或者预测接下来的图或者数字。我读书时期对数学很有兴趣，也学过奥数，在初中以后一度也热衷于做这类智商测试的题目，因此观察力应该是得到了比较好的锻炼的。

如此训练出来的观察力，对我的生活和学习究竟有没有帮助呢？我认为帮助是很大的。观察事物的规律，然后将其总结并内化为自己的知识，思维甚至是思想，是一个很重要的学习过程。上学的时候有些教辅书会替学生"总结套路"，让学生得以快速套用这些套路来解题，从而更容易获得高分。也许这些套路是有用的，但我当时很少看那些，爸爸经常要我超越这样的套路。这并不是因为我觉得所谓"套路"是无用的，事实上，我相信这些套路的确能帮助人们快速提升成绩。毕竟读书时期的考试总有一个大纲，而对于同一个考点，考教的方式总是有限的，因此总能让人摸出规律来。但是，我更觉得，这个得出套路的过程，实际上就是一个观察总结的过程。如果我能自己在一个个知识点和一道道题目中摸出这些规律，我就是真正理解了它们，真正地内化了这些知识。这样学习，比起直接学习他人所观察出来的结论和套路，或许对我更有益，能让我记忆更深刻，理解得更透彻。

再比如说，有个概念叫"沉浸式学习"，是指让人在看书，听音乐，看电视电影，甚至玩游戏的过程中学习语言。实际上，我觉得沉浸式学习也是一种对人的观察力的运用。在进行这些娱乐的同时，你是否会发现一些重复出现的词句或结构？你是否会发现一个熟悉的词被用在了一个并不熟悉的场景里？这些都是观察，用心观察，就可以发现和学习新的知识。

爱上讲故事

我记得大概是我到了一定年龄以后，就开始能够感觉到周围大人和小孩兴趣的差异了。大人们对当时的我们所喜欢的那些动画、漫画，以及那些专门为孩子制作的电视节目并不感兴趣。现在的我当然明白这是相当正常的现象，即使是成年人，他们相互之间感兴趣的东西也往往会有所不同。然而当时的我，却十分希望自己的兴趣能获得父母的认同。

所以，在爸爸要求我每天都跟他复述自己当天看过的动画或者电视的时候，我心里特别高兴。复述的时候，我会把自己看过的动画仔仔细细地回想一遍，然后才去对他讲。当爸爸对我所复述得不清楚的地方提出疑问的时候，我觉得非常满足，因为这证明了爸爸是认真听了的。而在重新复述这些部分以后，我也明白了应该如何将故事表达得更清楚明白，才能让别人听懂。

在那之后，我会把每天看过的电视动画里的故事内容都记住，然后在爸爸有空的时候用自己的话讲给他听。那时候，爸爸很忙，我常常需要把这些故事积累到周末才一次性讲出来。在这段时间里，我常常会思考这些故事，思考自己应该怎样描述，才能将故事表达得更精彩。如果爸爸听到这些故事之后显得感兴趣，我会感到加倍满足。

长大了以后，我明白了父亲这样做的用意——让我复述这些故事，可以同时锻炼我的记忆力，理解力和表达能力，可谓是一举三得。我为了要跟他讲故事，自然要用心记忆这个故事。但是死记硬背是非常困难的，真正记住一个故事的方法，自然是理解这个故事的逻辑和因果。因此我的理解力也得到了锻炼。除此以外，自己心中的故事，要讲给旁人听，也是一个挑战。有时自己虽然明白其中的前因后果，但说出来的时候却常常不够有逻辑，不够翔实，听众就无法理解这个故事。因此，在反复不断描述中，我也学会了如何清晰表达。

然而我觉得，也许父亲后来才意识到，他的这个举动还获得了一个预想以外的效果，那就是让我感到了他的认同，让我觉得和他更亲近了，增进了我们的感情，形成了良好的沟通渠道。

最近，我女儿也学会说话了，我有时会给她讲讲故事。而我期待着，有一天能让她跟我分享她感兴趣的一切。

我真的那么喜欢它吗？

从很小的时候开始，我父母就定期给我零花钱，他们认为这对我的成长会有帮助。现在想来，大概的确如此。

幼儿园附近，也是小学附近，有一个小卖部，总是在出售一些价格比较便宜的小零食，因此它十分受到我的同学们的青睐。有不少同学隔三岔五地就要去买一些饼干、糖果、牛肉干、巧克力，或者是当时流行的小浣熊干脆面。

而我却清楚地记得，并非所有同学都十分喜欢这些零食的，其中就包括我。我自然也曾经去买过一些零食。这些零食的确是很美味的，尤其是孩子的规范食物中，往往没有像零食这样滋味浓郁的食品。我也比较喜欢它们，有时也的确想去买。但是，更多的时候，我却只是在店里浏览一圈，没有感到特别想买什么东西，便离开了。

我记得，我周围有几位同学，每周都会去买零食。更有甚者，每隔一两天都要去一次，即使那天不去买，也会一直惦记着。那时的我们自然是没有自己的收入的，去买零食自然是花父母给的零花钱。大概是为了吸引小朋友们，这个小卖部所出售的零食都是十分便宜的，大多零食只需要一两角钱到一两块钱。但我们当时的零花钱也算不上太多。事实上，当时的同学们大多是没有"稳定零花钱"的。有的同学每次买零食都需要向父母要钱，而父母所给的钱也总是按需要来给，刚好够买他们想要的东西。因此，只要拿到了钱，他们必然会在当天花掉。而有些同学，虽然也有"稳定零花钱"，却基本都是"月光"——事实上，有时他的零花钱只够买两包干脆面或者牛肉干的，所以经常在拿到零花钱后的第一天就花光了。还有一些同学，每次要买零食也是要向父母提要求的，但他们的父母不会经常都满足他们的要求。为了买到他们需要的零食，他们有时就向周围的同学借钱。一来二去，当他们成功从父母那里得到钱的时候，这些钱只能用来还债了。然后，过一两天，就又向同学们借钱。

我也是曾经借钱给同学的人之一，那时我已经有"稳定的零花钱"了。我父母商量之后，他们决定每周给我一点钱用于零花。具体的数目我不大记得了，只记得如果我想，我大概每周可以去买好几次最便宜的牛肉干，甚至稍微贵一些的干脆面。但是结果却是，我可能两三个月都不会去买零食。有时，书包里带着一些钱，想放学去买东西的，但真的到了放学，却又不大想去买了。我爸说我很"节省"。但实际上，我并没有觉得自己在节省，我只是并不真的想买。

一位同学曾经问我："你真的不喜欢吃零食吗？"我当时其实答不上来。要说不喜欢，那应该也不是。我吃这些零食的时候也觉得它们很好吃。但是要说喜欢呢，我却也并不总惦记着它们。现在想来，大概是因为我有虽然充足却也算不上太多的零花钱的缘故。我清楚地知道我可以选择买零食，也可以选择攒下零花钱买别的东西。买零食并非我需要太多努力才能获得的东西，于是我下意识地开始衡量自己的选项，衡量自己对零食的喜爱程度，也衡量零食给我带来的价值，从而做出最符合我的愿望的判断。而一些同学，要买零食就要不断地向父母要求，自然是一旦获得首肯，就迫不及待地实施起来的。于他们而言，零食成了难得的东西，价值无形中变得更高了。如果他们像我一样，也有条件思考自己对零食的喜爱程度，可能也不会那样频繁地光顾小卖部了。

后来，到了高年级，我有了一台电脑，放在我的房间里。在这基本上属于"无人监控"的情况下，我自然也会偶尔打开电脑刷刷网页，看看动漫，甚至是打打小游戏。但是绝大多数时候都不会超过与父母约定的每周一天。这也许也是同一个道理吧？当我可以不付出太高的代价选择娱乐的时候，才能更清楚地衡量娱乐的价值。

数学和奥数——信心、兴趣和思维

数学是理科的入门和基础学科，对很多科目的学习都有重要的影响。因此，就像很多父母一样，我爸妈十分重视我的数学学习。

在幼儿园大班的时候，他们就开始教我简单的十以内的加减法了。那时候幼儿园的课程往往都是唱歌、跳舞、画画和手工。算术于当时的我而言是很新奇的东西。为了引起我的兴趣，爸妈也跟我玩一些与算术有关的游戏。到学前班时期，老师真正开始教我们十以内加减法的时候，我对这些简单算术也算是熟练掌握了。由于我不擅长画画等科目，算术其实是最早让我频繁得到老师夸奖的科目，它带给了我不少信心和成就感。

到了小学以后，我对数学的兴趣就更浓了。那时候学校开了一些"兴趣班"，供同学们自由选学。那时我们才刚刚开始自己的学生生涯，大多数学生（包括我）都不太清楚自己的兴趣在何处。因此大家都有尝试不同的兴趣班。我那时有尝试过书法、舞蹈和数学兴趣班。结果在这些之中，我最感兴趣的就是数学了。这个数学兴趣班，所教的内容都是平时的数学课以外的内容。总体来说，算是所谓的小学奥数入门课程。我记得那时候第一堂课讲的就是找规律。当时具体都讲了些什么内容我已经淡忘了，但我清楚地记得老师拿出了不止一道例题进行讲解，每一道题都让我觉得新奇而有趣，因而每当老师讲解完一道题的时候，我就会满心期待下一道例题会是什么样子。我觉得那些题目都很是有趣，与平时学习的正经严肃的数学大不相同。到了下课的时候，我竟然觉得有点遗憾，感觉接下来要有一阵见不到这种好玩的题目了。

这个数学兴趣班也反过来提高了我对普通的数学学科内容的兴趣，在后来的几年里，无论是普通数学还是奥数，我都兴致盎然。这除了这些科目本身所带来的乐趣以外，我爸也变着法子跟我玩一些与数学有关的游戏——其中包括他书稿中提到过的鸡兔同笼问题等。后来我一直在继续奥数学习，也参加过数学竞赛，并获得过奖项。这些自然不完全是靠兴趣支持的，但最初的兴趣的确让我有了一个好的开始。

值得一提的是，在那以后到后来的很多年里，数学时常能带给我快乐。这种感觉非常难以形容——我感觉非常投入，可以忘记周围的环境和时间。我可以一直一道题一道题地解题，有时候有些题会让我觉得有挑战，但那往往意味着解决了以后我能得到加倍满足。我可以一直沉浸其中，感觉不到疲惫。这种时候往往要有外力来打断我——卷子做完了，下课时间到了，或者其他人对我说话。往往直到这个时候我才惊觉时间已经过去了很久。有时候我在自习课上沉浸其中，下课了仍然不愿停止。直到下一节课来临，老师踏入课堂，我才满心遗憾不情不愿地拿出了那节课的课本……

直至最近我才听我爸说起，这种体验在心理学上叫作"心流"。心理学家米哈里·奇克森认为在这样的状态下，人能获得极高的满足和愉悦。其实我觉得，处于"心流"状态时，一个人的学习效率和创造力都是很高的。

到了高中以后，我听说过"奥数无用论"的说法，而后来，也有不少人问过我，学奥数究竟有没有用呢？我觉得，答案是肯定的。然而这个"有用"，指的不是具体的学习内容。事实上，小学奥数所学习的内容，大部分在初中的普通数学课程里就会学到。因此即使没有学过小学奥数，大多数人也不会缺少这方面的知识。至于初中以后的奥数的内容，可能的确会比较深奥，除了少数工作需要以外，大多数人的确不会在生活中运用上。因此，我所说的这个"有用"，指的是它对思维的锻炼。在我有能力和兴趣学习的情况下，加深我学习的内容，这让我更早地了解了这门学科，提早实现它对思维的升华，也为学习其他东西打下了良好的基础。

事实上，有不少所谓的兴趣课程，包括各种乐器，和一些不常见的体育运动等，在大多数人生活中都无法用上。不会弹钢琴，我们可以听音乐，不会踢足球，我们可以选择与朋友们玩其他游戏。但是，这样就意味着学习它们是做了无用功了吗？学习乐器所丰富的情感，坚持练习而磨炼出来的意志，体育锻炼所带来的体能提高，难道不正在默默无声地影响着我们的生活吗？爱因斯坦曾经说过，即使一个人忘记了在学校所学的一切知识，教育仍能在他身上留下痕迹。由此可见，直接学到知识并非学习的唯一目的，学生在这个过程中所锻炼出来的能力往往更加重要。因此，我认为在学有余力的情况下，学习一门兴趣课程是十分有帮助的。奥数则是兴趣课程中的一个很好的选项。

谈笑风生

前面曾经提到过，有时候为了锻炼我的各种能力，爸爸会想出很多有趣的游戏，让我在玩游戏的过程中不知不觉地受到锻炼。这些游戏大多十分简单，基本完全靠语言交流就能完成。我一直很热爱玩这些游戏，每当与爸爸出门的时候，我总缠着爸爸要在路上玩这些游戏。因此，那时候与爸爸出门成了我十分盼望的事情。

到了小学三年级的时候，数学考试开始有了一点难度。具体的表现大概就是考试结果再不像过去那两年那样，几乎人人满分了。在这一年，数学考试有时会出现完全没有人满分的情况。那一年我妈妈去外地进修，家里只剩我和爸爸。他用了很多方式，与我一同克服我当时在学习中常发生的"粗心大意"的问题。为了鼓励我，爸爸与我约定，如果我有连续两次满分，就可以讨要一项奖励。在这样的鼓励下，我努力克制自己经常爱关注别人的毛病，不久就常常可以拿到连续两次满分。爸爸履行他的诺言，经常陪我坐公共汽车在城里兜风。我要的奖励就是爸爸陪我坐车兜风。

后来，爸爸曾经问过我，为什么是坐车兜风呢？我告诉他，因为这是让我最快乐的事。当时我身边的同学中，也有许多与他们的家长有类似的约定的，而大家的要求都五花八门——有要求玩具的，有要求课外书的，还有要求零食的……但我想，无论他们的要求是什么，他们的根本目的应该都是一样的——就是从这些奖励里获得快乐和满足。而于当时的我而言，与爸爸坐车兜风便是让我十分开心的事情了。因为每当我们在路上时，爸爸总能想出很多有趣的话题和游戏来排遣路上的时间，这让我非常喜欢和他一起出门。

印象中，跟爸爸一起出门玩过许多游戏，最初的游戏大概就是我爸爸也在他的书稿中提到过的编小兔子战胜大灰狼的故事的游戏。那时候我曾乐此不疲，十分投入地与爸爸一起编出各种故事，让小兔子和大灰狼斗智斗勇。在那之后我们玩过很多游戏——有推测路旁行人行为目的的，有用形容词来描述路边事物的，有轮流编谜语让对方猜的，有特殊的诗词接龙的，还有靠排除同类来猜谜的"他/她/它不是"的游戏。那些场景都让我记忆犹新。当然，这些游戏除了增进我们的感情，也让我的想象力、思维力和语言能力得到了锻炼和发展。想来，这也是我爸当时的一个目的吧？寓教于玩，寓教于乐，润物无声，这应该是最有效的教育方式之一。

劳逸结合——游戏的启迪

除了那些爸爸自己想出来的小游戏以外，他当然还陪我玩过其他游戏。其中最特别的大约要数电子游戏了。无论是在我读书的时候还是在现在，电子游戏都是一种十分有争议的娱乐方式，其中的原因自然是因为它容易使人沉迷其中，投入大量的时间和金钱。听起来，电子游戏和教育是背道而驰的，然而，我觉得，在这些和爸爸一起玩的电子游戏里，我得到了多方面的锻炼，也学到了不少东西。也许，一同游戏也是他的教育的一部分。

在幼儿园的时候，我就接触到了电子游戏。当然，是在爸妈的监护下玩的。那时候家里有了一台电脑，并在电脑上安装了游戏。爸妈与我约定好，每周的周五晚上可以玩一回电脑游戏，这让我每周都十分期待周末的到来。爸爸自己也经常在旁边陪我玩一会儿。这也让我成了一些同学羡慕的对象——我爸妈不但没有禁止我玩游戏，我爸还亲自陪我玩起来了。这能不让人羡慕吗？

那段时间玩的游戏有好几个，除了大部分人都熟悉的挖地雷、接龙和蜘蛛牌之外，让我印象比较深刻的有闯关游戏《Lode Runner》和RPG游戏《新仙剑奇侠传》《天之痕》等。玩游戏让我感觉到放松，得以劳逸结合。

《Lode Runner》国内的通俗叫法似乎是"警察捉小偷"。玩家要在墙壁和梯子等元素组成的迷宫中，摆脱敌人的追击和包围，快速地将所有的金子取走。取走所有的金子之后，迷宫中会出现一道通天梯，爬到通天梯的最高位置才能过关。游戏中具有一定程度人工智能的敌人一刻不停地追击你，你要与它们斗智斗勇，过程非常紧张。《Lode Runner》

有150关，有些关卡似乎是无解的，但实际上是需要很巧妙的方法才能得胜，奥妙无穷。并且，这个游戏还有单人玩和双人玩的两种模式，还可以自己编辑新的游戏关卡。游戏过程非常紧张，充满挑战，很益智，也很有趣，让人非常快乐。

RPG游戏里丰富的情节也让我入迷。但最重要的是，这些游戏都有一些很困难的部分，有时候我们会遇上反复挑战都失败的情况。例如，《新仙剑奇侠传》里有林月如单独闯迷宫的关卡，《仙剑奇侠传二》里王小虎只身走画轴迷宫的情节。这些时候，我们总是一起想办法过关，一起失败以后就重新再来……

爸爸的陪伴让我相信这些失败都是暂时的，因此这个过程总是充满挑战，充满期待，也有很多欢乐。

到了高中以后，因为课业繁重，玩游戏的时间自然减少了。然而这仍然是我的一个爱好，还会经常在周末完成作业之后放松一下自己。后来到新加坡读大学的时候，与很多大学生一样，我有了手提电脑，走到哪里就随身带到哪里，学业和时间都基本上掌握在自己手里，爸妈也不能继续在身边指引方向了。我听说有些同学在这个时期便开始彻底沉迷在了游戏里，往往没日没夜地打游戏，对生活和学习都造成了不好的影响。那时候，我也面临了同样的挑战。我仍然喜欢电子游戏，但我开始为自己设定起了"小目标"。完成了哪些作业，可以玩一会儿。某个考试结束之后，可以玩一会儿……如此一来，电子游戏从某种程度上也激励了我的学习和控制自己的能力。

即使不提这种激励作用，我也仍然觉得那时适度的游戏给了我不少好处。除了放松身心调节精神状态之外，我也的确从游戏里获取过一些知识——尤其是外语游戏，让我很是体验了一把"沉浸式学习"。因而我觉得，如果能够安排好自己的时间，真正做到劳逸结合，电子游戏也不见得只有坏处。其中的关键，就在于自己能否把握好这个度了。

编程的学习

除了语数英等主课以外，我爸妈都很注重培养我的兴趣爱好。除了前面提到过的奥数以外，他们也让我尝试过不少其他项目——电子琴、舞蹈甚至武术等。其中，最成功的尝试大概要数编程了。事实上，这一门兴趣项目是我自己选择的。而我之所以会选择它，大概要归功于我当时对电子游戏的喜爱了。

初一的那一年，学校每周三下午安排了能让我们自己"选修"课程的时段。那时候我选择了计算机编程。实际上，我当时对编程并无太多了解，只是从我爸爸那里知道我们电脑里跑的软件，包括我当时玩的游戏，我们用来修改游戏的工具，都是编程得来的，有的还是我爸爸自己编写的，便幻想着自己也有一天写出这样的软件。因而在众多的选项中，我看中了它。

抱着这样的幻想，我开始了这个课程。那时这门课不怎么受欢迎——整个年级只有寥寥十数人选择了它。我们围在一间小小的电脑室里，听老师讲最基础的语句结构。而当时我们所学习的语言也不是现在广泛使用的c、c++、Python或者Java等编程语言，我们学的是在那时候已经比较小众了的Pascal。由于在这门课之后我便不再有太多机会接触这门语言，时至今日我已不大记得它那些具体的指令了。不过我清楚地记得，我们是在那时就已经极少使用的DOS操作系统的界面下，十分艰难地编辑和操作程序。这个系统远不像后来那些颇受欢迎的系统一样简单易懂，而我们的老师其实也不太熟悉这个操作环境。甚至有时上课，老师因为有其他事情，我们就按照作业要求在电脑上自己摸索。也曾闹出过许多笑话，我印象最深刻的一点就是，我们有时候会不小心写出死循环，而谁也不知道该如何中止正在无休无止运行的程序，只好强行关机。有时觉得程序运行过慢，我们还会强制重启……

但即使如此，那时的我已经十分享受这个过程。就像很久以前我第一次接触小学奥数一样，我觉得老师出的编程题目是如此有趣，而编程的过程总能让我非常投入，失败以后的调试充满挑战，成功得出正确结果的那一瞬间是如此满足。有时候我觉得沉浸在这个过程中的时候我心里有一种快乐，让我在下课铃响了之后仍旧有点恋恋不舍……

我爸爸也很支持我在这方面的兴趣。在这门课结束之后，他还专门在我房间的电脑上安装了模拟器和语言编辑器，让我能继续"玩Pascal语言编程"。为了进一步调动我的兴趣，那时候他也会给我出一些简单的题目让我编程完成。他还在我的电脑上安装了微软公司开发的编程语言Visual Basic平台，供我学习。之前，他曾经用这个平台编辑了一个音乐播放器让我使用。

进入了大学以后，我有了更多的机会学习编程。程序编辑让我又一次体验到了在数学学习时我曾经体会过的，极度投入而忘我的那种"心流"状态。因此每当我能成功地做出某个我想要的结果，或者找出某个错误的原因时，我都能非常愉快。事实上，现在我是一名软件工程师，编程已经成了我的职业。我很有幸能把自己的兴趣变成自己的工作。

记一次寻路回家

有时候，在遇到一些突发事件之后，我的父母也会抓住机会让我总结经验，吸取教训。这样得来的经验往往让我印象深刻，受益良多。在这里，我就分享其中的一件事吧。

初一第一学期，我曾每周六前往大约一个小时公交车程以外的地方上奥数课。开学之后，爸妈曾陪伴我去过两次，让我熟悉了上学和回家的公交线路。从我们的家出发到上课的地方是没有公交线路直通的，需要在途中的某一站下车，然后换乘另一路线。回程的时候自然也是需要换乘的，不过由于一些公交的两个方向不在同一站停车，也为了避免横穿马路的缘故，上学的去程和回程乘坐的是不同的路线。

　　有一天下课以后，我与一位同学一起，照常去了平常回家的第一个车站，一起坐在车站的凳子上，聊着天愉快地等待公共汽车的到来。这天本该与每个周六一样平常轻松——我们会坐上同一路公交车，我中途下车换乘，而她则直接到家。

　　然而，我们等了又等，这辆本该出现的车一直没有来。

　　我们都开始感觉到了不寻常——这路车安排得还比较密，通常只需要等大概十分钟就能上车。但是，那天我们等了将近半个小时，汽车还没有影子……

　　眼看天要黑了，我不禁去查看了一下车站的站牌。这一看才知道，那路车竟然改了路线，不到这个站了！

　　我第一反应自然是向家里求助。于是我去看包里的手机。然而，由于这个手机用得不多，充电没有那么勤快，又完全没有预料到会有这样的意外发生，这个时候，手机已经停电关机了，而我的同学，她则没有手机。

　　这下我们面面相觑，都一时有点不知所措。

　　"要不……我们看看有别的路线吗？"我提议。

　　我们又一次查看了车牌。可惜的是，并没有哪一路车能带我们直接回到家的附近。不过，我发现有不少车通往体育中心站。这个车站我认识，位于一个十分繁华的区域，有很多公交车都经过那里。我可以肯定我们能在那里找到回家的车。于是，我提议我们坐这些线路先到体育中心，再想办法换乘。

可是她的回答却出乎我的意料："我只剩两块钱了，回到体育中心我也无法坐车回家！"

广州的公交车费是每程两元，一旦上车，无论乘坐多少站，车费都是两元。只剩两块零钱，那就只能再坐一程车了。由于公交车上没有售票员，不会找零，我们只能拿零钱或羊城通交通卡坐车。

不过我倒是还有一点零钱，足够她的车费。我有羊城通，不需要使用零钱。于是我们就按计划上了车，在体育中心转车，各自回了家。

回家的时间比平时晚了不少，父母都有点着急了。爸爸就已经去过一趟学校，并且几乎与我同时返回到了住宅小区旁边的车站，我下车就见到了他。

回到家，我向父母讲了回家的过程。他们听过以后，还问我："这件事让你有什么体会吗？"

我想了想，说："遇事不能着急，要冷静想办法？"

"对的，还有吗？"

我想起了我没电的手机和她缺少的零钱："平时就要为可能发生的意外做好准备，确保自己有一定的能力应付突发情况。"

"没错。"他们肯定了我的想法。

我想，那一次旅途虽然有点波折，但对我而言也有所收获。这让我学会了为意外做好准备，也让我在后来遇到各种情况的时候不再紧张，能够冷静地处理好。

集中注意力

除了希望我能熟练掌握所学到的知识和技能以外，我爸爸特别注重对我的学习能力的培养。这不难理解，授人以鱼不如授人以渔。一个人若有了优秀的学习能力，他便能自己吸收知识，对他人的引导的依赖会变少。我爸告诉我一个人的基本学习能力是由五个部分组成的，他们对我的记忆力、观察力、思维力和想象力的培养我前面也都大体谈过，都从我比较小的时候就开始了。而剩下的这一项——注意力的培养却是稍微晚一些，在我上中学以后才开始的。

初中的某一天，爸爸在一次"比较严肃的谈话"里，开始教育我要提升自己的注意力。常常，我与爸爸的交谈都是随时随地，轻轻松松地进行的，即使内容是关于学习的，甚至是说到我的一些缺点和不足，也具有很轻松活跃的氛围。但爸爸的谈话有时也比较严肃，如果他提前跟我说，"做完作业"，或其他什么时间，要跟我"说一会儿话"。这样的情况下，谈话的氛围就比较严肃了。

那次，爸爸先是把他和我的学习能力的几个因素作了比较，然后告诫我要努力提高注意力。

那时我还不太明白注意力的意思，爸爸便讲了注意力的一些特性，然后跟我说，注意力好的人，听课的时候会听得很专注，很投入，不会受到课室内外各种动静的干扰。

我当时不是很同意爸爸的说法。我说上课的时候，我坐在后排，班里发生的各种事情，我都不可能看不到，不可能听不到，很难做到不受影响。

爸爸叫我不要急着下判断，这是可以做到的。爸爸说，"就像你读过的一些小说里说的，所谓的'封印'一样。在这个封印里，你只会关注到你注意的目标，感受不到外物的影响。"

爸爸说会不会见到会不会听到，除了物理原因，还有心理原因，心理因素可以减少物理因素的作用。

爸爸还用手电筒给我演示了集中注意力可以提高效率的原理。

"嗯……我试试吧！"我答应了。其实我还没有完全被说服，但是多少有点明白那种感觉了。其中除了有对爸爸的信任，还有一点原因是，我觉得我似乎曾经有过这种专注的体验。那时候我已经十分喜欢数学，在做一些难度比较高，却又不至于让我无从下手的题目的时候，我其实有过那种体验——我可能还是能听到周围的声音的，但我的意识在自主地过滤掉不少信息，让我能沉浸在思考中。如果最后不是因为我自己思考出了满意的结果而脱离这种状态，而是由其他外力来打断我的话，我甚至会有些不高兴。

然而我的这种状态却不是说来就来，想得到就能得到的。到那时候为止，基本只是偶尔出现。现在我爸爸的意思，大概是要我变被动为主动，在平时上课和学习的时候能够自主地沉浸其中。

带着多少有点怀疑的心态，我开始了这个尝试。一开始，我的成功率自然是很低的——往往在我发现的时候，我的注意力已经从老师的课堂上飘走了。等我反应过来要重新集中注意力的时候，只能再度把我的注意力转移回来。

后来，我尝试着将自己的注意力分出一点在"集中注意力"这件事上，就像是用90%的线程来支持主程序的运行，而剩下10%的线程则用于维护其他线程运行一样。这乍看之下，像是分走了我的一部分注意力，但却真正让我迈出了第一步。每当我的其中一些线程意图执行其他程序的时候，这10%的线程就会出来打断——"你要集中注意力！"——每当这时候，我就提醒自己。

渐渐地，那种注意力不集中的情况变得越来越少了。到后来，我也不必再专门分神来监督自己了。而这对于我的学习也确实有了很多帮助。初中以后，各个科目都越来越难。集中注意力的思考让我能更好更快地理解老师讲授的知识，然后将之融会贯通。这一项技能，让我受益良多。

选择学物理和物理的进步

除了培养我的各种能力以外，爸妈也在我需要进行重要选择的时候，给出一些基于他们的经验和观察的宝贵建议。比如说，在我高中分科的时候，爸爸就给过我重要的帮助。

我读高中的时候，广东高考采取的是"3+x+文科/理科综合"的形式。其中，"3"指的自然是语文、数学和英语三个主科。而"x"则是由学生自主在物理、化学、生物、历史、地理和政治六门课中选择一门，作为自己的第四门主科。如果学生选择的x科目是物理、化学和生物中的一门，那么这个学生需要考理科综合。而如果是另外三门中的一门，则参加文科综合的考试。

在文科和理科之间，我的选择是没有什么悬念的。我比较偏爱和擅长的科目都是理科。数学自不必说，我对物理和化学也是兴趣浓厚的。然而也是因此，在具体的x科目的选择上，我还是犹豫过的。那时候，物理和化学正是我难以抉择的两个选项。

当时，高中一般是在高二分科，高一那一年我们还是将六门可能成为"x"的课程都当作主科对待的。那时候在这两门科目中，我心里更喜欢物理，然而这个却也尚未强烈到可以让我直接作出决定的程度。而化学比起物理来，倾向还有一个明显的优势——化学似乎更容易学，而我那时候的化学成绩也更好。

高中物理并不简单,那时候我们这些科目的考试总分通常是150分,而平均分却时常低于70——没错,平均分还不足总分的一半。然而,考虑到高一的学生中有许多之后会选择其他五门主科的,等到高二,这个平均分大概能够有所提升。而化学则似乎相对容易一点,平均分可以有90分。而我的物理绝对得分和排名其实都低于化学,这是我产生动摇的直接原因。

在和父母商量这件事的时候,他们都表示支持我的选择,但他们更偏向物理。我便不由得指出自己在这两门科目上的成绩差异,并问道:"如果我选择了物理,却发现我学不好它,怎么办呢?"

我爸告诉我:"以你一贯以来所表现出来的逻辑思维来看,比起化学,其实你更适合物理。"

我并没有那么容易被说服,毕竟,我能感觉到自己学习这两门课的时候,的确是学物理更吃力。

但爸爸却不在意我的吃力不吃力的问题,而是从另一个角度问我:"你觉得你学习这两门科目的时候,是化学所需要记忆的内容更多,还是物理?"

这答案显而易见,于是我回答:"是化学。"

"是的。因此物理更适合你。你的确是有很强的记忆力,但是这么久以来,你都显然更享受依靠思维来学习,而不是使用记忆或者其他方式来学习的过程,是不是这样?"

这个我倒是十分同意的,而这显然也是我内心更喜欢物理的原因。然而,虽然道理如此,我却觉得事实还是更有说服力,不由得还是很犹豫。

"还有一点就是,现在你们化学的平均分高于物理,说明你们学习的化学本身还没有十分深入。但是进入高二之后,化学课程要当成高考的主科来学习，它的难度也会提高的，到时候，也许它并不会比物理简单。"

爸爸还说，因为高一我主抓了英语，没有花太多时间和精力在物理上，物理还没有进入比较好的学习状态，还没有悟到最合适的物理学习方法。但高二之后，英语不需要集中精力主攻了，物理的学习肯定会有一个飞跃的。

进入高一的时候，我的英语只是年级的中间水平，所以集中精力主抓了英语的学习。英语进入年级比较靠前的位置之后，无须太花精力了，物理学习自然就可以投放更多的精力。

在后来真正选择科目的时候，虽然我还抱有疑虑，但或许是我父母鼓励了我，或许是我还是听从了我自己真正的想法，我选择了物理。

果然，分班以后，所有作为"x"的主科科目难度都有所提升，开始越发向着真正的高考靠拢。而我的物理成绩还是起起伏伏，算不上特别好。最差的时候，曾经得过90分——刚好及格。

我把物理当成主攻的学科，花更多精力去提升物理成绩。提升成绩最直接的方法，自然是分析自己考试中和平时的作业中没答出来的题目，找出这些题目所蕴含的规律，从而找出自己的薄弱点来攻克。

这个想法说来简单，实际上操作起来却没有那么容易——高二的时候，我们仍然还在学习新的内容。我既要找出我过去学习知识上的薄弱点，又要跟上老师的进度，着实有点不容易。如果把学习比作修建一堵墙，那么我在建新墙的同时，还要修补过去的墙。我感觉到，建新墙其实是更重要的——如果我为了补过去的知识点而忽视了新知识的学习吸收，那结果可能是我的"新墙"会成为新的薄弱点。因此，我选择将新墙作为重点，我当然仍然在"补旧墙"，只不过补的速度不是很快。

因此，在那些注重考新知识点的小考试中，我往往能取得比较好的成绩。而在那些考查长期学习内容的考试中，我的进步则没有那么明显。

但是最终，经过一个学期的努力，我取得了自己想要的成果——在高二下学期以后，我的物理学习几乎就与数学学习一样顺利了，以我爸的话来说，就是进入了思维学习的层面，物理成绩进入年级前列，在我的主科中，它不再是令我头疼的一门。而我也终于不再对我的选择抱有怀疑了。

并且，高二时期养成的物理学习方法，对我在大学和研究生阶段的学习，也具有重要的意义。因为我学习的电子工程专业，所有的专业课程，与数学和物理学科都密切相关。此前养成的数学和物理的学习方法，让我有能力与强手竞争。

实践与自信

最后，爸爸还希望我谈谈离开家读书之后，感受到的学校的教育带给我的好处和帮助。如果要简单讲一讲的话，我觉得让我感到受益良多的大约有两点。首先，我周围的学习氛围十分浓重，让我也能更沉浸在学习中；其次，学校的偏重实践性的作业让我积累了不少经验。

读研的那两年里，我能明显地感觉到，周围的学习氛围要比本科四年间更为浓厚。

在本科期间，我身边的确有同学读书十分刻苦，但也有相对比较不大在意学习的。往往到了期末，这些平时在图书馆里看影视剧的同学会突然集中力量苦读一段时间。而等应付过了考试，到了下个学期，他们又故态复萌了。

而到了读研的时候，我却发现身边已经没有这一类型的同学了。几乎所有的同学都将大量的课后时间用在了学习和准备找工作、准备读博等事情上。这或许是因为研究生只有短短的两年，大家都感觉到了时间的紧迫；也或许是这一批同学相对自觉一点；更有可能是这个学校的课业的确相对繁重不少。

斯坦福大学的学制是一年三个学期，每个学期只有大约三个月。因此，开学以后不久，中段考试便已经近在眼前，而期中以后，期末考试也离得不远了。但这些其实还不是最让人头痛的。最令人头痛的其实是那些没有考试，或者考试只占评分的一小部分，绝大多数评分都靠每一次作业来决定的科目。而这些作业也与我在过去的学习生涯中所熟悉的大不相同——不再是在卷子上书写理论或者演算过程，而是要在电脑上写出一段段代码，完成老师要求的程序。而这些程序也并不是读本科时遇到的那样，按照一个短小的题目，写一段二十到一百多行的程序，来用于测试这个人是否熟悉某一种算法。

我们的作业通常有着一定的实际应用的价值。比如写一个网站，找出一个网站的漏洞并写出一段代码来修复它，写一个简易的系统，等等。这些作业的难度并不低，涉及的内容复杂，需要投入的时间也比较多。

那段时间我的确非常忙碌，也感觉到有不少压力。好在最终都一一克服了。而回想起来，这些繁重的课业除了让我更加深刻地掌握了老师教授的知识以外，还有了一个意想不到的收获——我对于自己的专业水平，更自信了。

不得不说，这种类似于实践的作业，让我更加清楚地知道自己学习的知识将被如何应用于实际，而我也更加确信我的所学并不只是纸上谈兵。这一点，是过去那些仅仅考查理论的作业和考试不能带给我的。如果没有经过这一段学业的洗礼，我可能会缺乏实践的经验，更会缺乏参与实践所带来的自信。因此，两年的学业结束的时候，我还是觉得十分遗憾的——如果学制更长一些，我还想选修更多的课程，掌握更多的技能。

这些年来，爸爸一直很专注地用不同的方式帮助我成长，让我受益良多。如今，我也将陪伴我的孩子成长，我深深感到这些经验的宝贵之处。今天所分享的这些故事，是目前让我印象极深的，也是让我觉得值得铭记，将来会对我的孩子有帮助的事情。我衷心希望这些经验能为这本书的读者带来启发和思考。

2022年10月